마음에 맞는 친구와 지내는 건 참 좋아!
하지만 친구 관계가 어렵게 느껴질 때도 있어.
너도 그런 적 있니?

그렇다면 파스텔 초등학교 친구들과 함께
좋은 우정 쌓는 법을 배워 보자!

도와줄 친구들도 있어.

우정 도치
뾰족한 털 때문에 처음에는
다가가기 힘들지만 친해지면
아주 부드러워져.
친구에게 사과할 때는
등에 꽂힌 방울토마토를 건네.

대화 앵무
친구 말을 잘 듣고
따라 하는 게 특기야.
노래도 잘하지! 친구와
기분 좋게 대화하는
방법을 알려 줄 거야.

동의하고, 거절하고, 존중하는, 친구 관계 말하기

배려하면서도

할 말은 하는

친구가 되고 싶어

김정 글 뜬금 그림

파스텔하우스

머리말

나를 지키고, 친구를 지키는 관계 말하기 비법
내가 원하는 걸 표현해! 친구가 원하는 걸 존중해!

"친구가 저를 무시하는 것 같아요."
"친구가 자기 하고 싶은 대로만 하려고 해요."
"엄마가 친구한테 끌려다니지 말라는데, 저는 그 친구랑 노는 게 좋아요."
"친하니까 장난친 건데, 친구가 그렇게 기분 나쁠지 몰랐어요."

학교에서 이런 고민을 털어놓는 친구들이 많아. 선생님도 어렸을 때 같은 고민을 한 적이 있지. 이 친구들에게 선생님이 꼭 해 주고픈 말이 있어. '친구 사이에 균형을 잡자.'는 거야. 자전거를 능숙하게 타려면 균형을 잘 잡아야 하잖아. 친구 사이에서도 균형이 중요해!

균형을 잃어서 네가 친구 쪽으로 기울어지면 어떨까? 매번 친구가 하고 싶은 대로 맞춰 주기만 한다면 말이야. 그럼 친구와 놀 때 어딘가 불편하고 억울한 마음이 들어. 반대로 친구보다 네 쪽으로 기울어지면 어떨까? 친구와 지낼 때 네 마음대로만 한다면……. 서로 진심으로 좋아하고 편안하게 지낼 수 없어. 속으로 불만이 쌓인 친구가 갑자기 너한테 등을 돌리는 일도 생기지.

친구 사이에 균형을 잘 잡는다는 건 네가 원하는 것을 당당히 표현하고, 친구가 원하는 것도 존중하는 거야. 이처럼 서로 배려하면서도 할 말은 할 줄 알아야 좋은 친구가 될 수 있어.
아래 3가지 방법을 배워서 모두 멋진 친구가 되어 볼까?

1. **선 지키기** : 사람 사이에는 눈에 보이지 않지만 안전선 같은 게 그어져 있어. 안전선 안은 서로를 지키는 공간이니까 함부로 넘지 않아야 해.
2. **물어보기** : 친구랑 하고 싶은 게 있다면 네 마음대로만 하지 말고, 친구도 괜찮은지 먼저 물어봐.
3. **싫다고 말하기** : 누가 너를 함부로 대하거나 네 권리를 침해한다면 싫다고 해. 소중한 너를 지키는 일이니까.

파스텔 초등학교 친구들의 이야기로 위에 나온 방법들을 쉽게 알려 줄게. 어른과의 관계에서 알아야 할 점도 몇 가지 있어. 친구뿐 아니라 어른과 지낼 때도 똑같이 존중하고 존중받아야 한다는 걸 잊지 마.
친구 관계에서 지혜롭게 말하고 행동할 줄 알면 자라서 더 많은 사람과 관계를 맺는 데에도 도움이 될 거야. 이 책이 너와 다른 사람 모두를 지키고 존중하는 법을 배우는 좋은 안내서가 되길 바랄게.

글쓴이 김정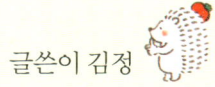

차례

머리말 4

너와 나를 지키는 경계선

"나는 이럴 때 편안해." 경계선이 뭔지 알기 12
"나에게 물어봐 줘." 내 경계선 말하기 14
"우리 대신 악수할까요?" 몸 경계선 알기 16
"나는 내 모습이 좋아." 마음 경계선 알기 18
"더 친해지면 하고 싶어." 사람마다 알맞게 경계선 정하기 20
"단짝이 되고 싶어, 넌 어때?" 경계선 거리 바꾸기 22
"이 사진 SNS에 올려도 돼?" 온라인 경계선 알기 24
"문자는 나중에 다시 하자." 친구와 건강한 거리 지키기 26
"그건 말하고 싶지 않아." 프라이버시 지키기 28
"나를 진짜 위하는 일은 이거야." 진짜 나의 주인 되기 30

경계선 지키기 실전 연습 _ 친구 사이에 경계선을 잘 지키려면? 32

2장

너와 나를 이어 주는 동의

"이렇게 해도 될까?" 동의가 뭔지 알기 36
"싫으면 편하게 말해 줘." 동의와 동의가 아닌 것 알기 38
"생각할 시간이 필요해." 동의할 때 충분히 생각하기 40
"미안하지만 먼저 갈게." 동의한 것을 바꾸기 42
"내 의견도 들어줄래?" 동의와 명령 구분하기 44
"그건 하고 싶은 일이 아니야." 휘둘리지 않고 동의하기 46
"의견을 모두 들어보자." 여러 명이 함께 동의하기 48
"내 뜻을 존중해 줘." 동의와 강요 구분하기 50
"싫어요! 안 돼요!" 낯선 어른의 강요에 대처하기 52
"너는 어떻게 생각해?" 열린 질문하기 54

동의하기 실전 연습 _ 건강한 동의는 3가지를 지켜야 해 56

3장
모두를 위한 지혜로운 거절

"다음에 같이하자." 부드럽게 거절하기 60
"글쎄, 잘 모르겠어." 은근슬쩍 거절하기 62
"싫어! 하지 마!" 단호하게 거절하기 64
"나는 안 할래." 꼭 거절해야 할 일 알기 66
"나를 응원해 줘." 자존감을 지키는 거절하기 68
"내 마음이 그래." 거절하고 싶은 마음 존중하기 70
"아직은 사귀고 싶지 않아." 사귀는 상황에서 거절하기 72
"필요한 일이니까 부탁해." 잘못된 거절이 뭔지 알기 74
"그래, 잘 알겠어." 거절 받아들이기 76
"놀리지 마!" 놀림과 괴롭힘은 함께 거절하기 78

거절하기 실전 연습 _ 거절하는 게 왜 이렇게 힘들지? 80

4장
너와 나를 높이는 존중

"있는 그대로 나는 소중해." 자기 존중이 뭔지 알기 84
"너는 그렇구나." 나와 다름을 받아들이기 86
"그럴 수 있어." 평가 말 대신 응원 말 쓰기 88
"괜찮아? 속상하겠다." 공감하며 대화하기 90
"노력하는 모습이 멋져." 제대로 칭찬하고 칭찬받기 92
"덕분에 재미있었어." 고마움 표현하기 94
"미안해. 조심할게." 잘못을 인정하고 사과하기 96
"나는 이걸 할래." 당당히 선택하고 책임지기 98

존중하기 실전 연습 _ 존중 대화법, 채팅방 대화법을 배워 봐 100

부록

책 읽은 뒤 활동하기 104
지도하는 분을 위한 경계 존중 이야기 106
참고한 책과 자료 110

> 1장

너와 나를 지키는 경계선

모르는 아이가 갑자기 너를 껴안는다고 생각해 봐.
어떤 마음이 들까? 아마 깜짝 놀라고 불편할 거야.
왜일까? 사람과 사람 사이에는 눈에 보이지 않지만
'여기를 넘으면 불편해.'라고 정한 선 같은 게 있기 때문이지.
편안하고 좋은 친구가 되기 위해 지켜야 할 '선', 함께 배워 보자!

"나는 이럴 때 편안해."

　너라면 몇 번 자리에 앉을래? 남은 자리가 많다면 옆 사람과 모두 떨어진 ③ 자리에 앉는 게 편할 거야. 왜일까?

　우리에게는 경계를 느끼는 감각이 있거든. 무슨 뜻이냐면, 마음으로 나와 다른 사람 사이에 선 같은 걸 긋는다는 거야. 이쪽은 나, 저쪽은 너, 이런 식으로 말이지. 이걸 **경계선**(경계)이라고 해. 눈에 보이지 않지만 마음으로 누구나 이 선을 느껴. 이 선을 사이에 두고 각자 공간에 있을

때 우리는 가장 편안해서 안전선이라고도 부르지. 그래서 지하철에서도 모르는 사람과 딱 붙어 앉기보다 조금 떨어져 앉으려는 거야.

이번에는 도로의 차선을 떠올려 보자. 차들은 이 선을 지키면서 안전하게 달려. 그런데 어떤 차가 함부로 차선을 넘으면 어떻게 될까? 사고가 나겠지. 사람 사이의 경계선도 이와 비슷해. 서로 선을 잘 지키면 마음이 편안하지만 함부로 넘으면 불편해져. 그래서 친구와 지낼 때도 경계선을 잘 지키는 게 중요해.

그럼 내 경계선 안에는 무엇이 있을까? 내 몸, 내 마음, 내 생각, 내 물건, 내 방……. 내가 주인인 것이 다 들어가. 주인이 나니까 이것들로 뭘 할 때는 내 뜻이 먼저야. 만일 친구가 같이 손잡자고 하면 손의 주인이 나니까 내 마음이 편안한 대로 하면 된다는 거지. **'내 마음은 어떨 때 가장 편안하지?'** 잘 생각해 봐. 각자가 편안하고 안전하게 느끼는 선, 경계선을 알고 지키는 건 친구와 좋은 관계를 맺는 시작이 돼.

"나에게 물어봐 줘."

짝꿍이 필통을 엉망으로 만들었어. 기분이 어떻겠어? 기분이 진짜 나쁘고 짜증이 날지도 몰라. 네가 주인인 물건, 그러니까 네 경계선 안의 것을 함부로 만지니까 그런 마음이 드는 거지.

짝꿍이 필통을 만지고 싶었으면 너에게 먼저 물어보는 게 좋았을 거야. 네 경계선 안에 있는 것은 네가 주인이고, 네 뜻에 따라야 하니까. 친구가 물건을 만져도 되냐고 물을 때, 네 마음이 괜찮으면 허락하면 돼. 하지만 불편하면 만지지 말아 달라고 해도 괜찮아. 반대로 친구가 주인인 물건을 네가 만지고 싶을 때도, 똑같이 물어보고 친구의 뜻을 따라 주면 된단다.

그럼 친구가 묻지도 않고 네 물건을 만지면 어떻게 할까? **"나에게 물어봐 줘.", "내 허락을 받아 줘."**라고 해. 이렇게 말하면 친구가 섭섭해할까 봐 망설여질 수도 있을 거야. 하지만 이건 친구를 나쁘게 대하려는 게 아니라 경계선을 알리는 일이야. 네 마음이 불편해지는 일을 정확히 말해 줘야 친구도 다음부터는 조심할 수 있어. 그래야 계속 마음 편하게 지낼 수 있겠지?

경계선을 알리는 말을 더 연습해 볼까? 친구가 내 물건을 마음대로 가져가는 게 싫으면 **"먼저 물어봐 줄래?"**, 내 휴대폰을 누가 허락 없이 보면 **"다른 사람이 내 휴대폰을 보는 건 불편해."**라고 말해. 이렇게 말로 경계선을 알리면 친구끼리 실수로 선을 넘는 일을 줄일 수 있단다.

친구의 행동이 불편하면?
지켜 주었으면 하는
내 경계선을 알려 줘.
그럼 친구도 다음부터는
조심할 수 있어.

"우리 대신 악수할까요?"

　잘 아는 사람이라도 내 몸을 허락 없이 만지는 건 싫을 거야. 왜일까? 몸은 아주 소중한 나만의 것으로, 내 경계선 안에 있어서 그렇지.

　우리는 누구나 내 몸을 내가 주인으로 지킬 권리를 가지고 있어. 어린이도 똑같이 그 권리를 가지고 있지. 이것을 어려운 말로 '신체 결정권'이라고 해. 그러니까 친구 사이라도 몸을 만지려 할 때에는 꼭 물어보고, 서로 조심해야 해. 어른들도 네 몸을 허락 없이 만지면 안 된다는 걸 기억해. 옆집 아저씨, 엄마 친구, 선생님, 할머니, 삼촌, 아는 오빠(형), 친구 언니(누나) 등……. 심지어 부모님이어도 네 몸의 소중한 곳을 만질 때는 너에게 물어봐 달라고 하렴. 또 부모님이 "이모(삼촌)에게 뽀뽀해 줘."라고 해도 네가 불편하면 싫다고 말해도 돼.

수영복을 입을 때 가리는 가슴, 성기, 엉덩이는 몸에서도 특히 민감한 부분이야. 누군가 이유 없이 만지려 하거나 보여 달라고 하면 분명히 싫다고 해. 네 몸은 정말로 소중하고, 그 몸의 주인은 바로 너니까.

물론 친한 사람끼리는 좋아한다는 뜻으로 몸을 만지고, 뽀뽀하고, 껴안기도 해. 하지만 어느 정도로 표현할지는 네 마음에 달렸지. 이모(삼촌)가 뽀뽀하자고 해도 싫으면 **"그건 불편해요."**라고 해. 편안한 마음이 들면 **"괜찮아요."**라고 허락해도 돼. 뽀뽀는 부담스럽지만 마음은 나누고 싶다면 **"우리 대신 악수해요."** 하고 가벼운 행동으로 바꾸어도 좋아.

내가 정한 몸 경계선은?
인사하거나 마음을 표시할 때 서로 편안한 방법을 골라서 해 봐.
104쪽으로 가서 내 몸의 경계선을 더 자세히 정해 봐도 좋아.

"나는 내 모습이 좋아."

친구가 네 외모나 옷차림에 대해 좋지 않게 말하면 '진짜 그런가?' 하고 아무래도 신경이 쓰이겠지. 너도 그런 적 있니?

생각해 보자. 내 외모나 옷차림은 누구의 것일까? 바로 나야. 모두 내 경계선 안에 있고, 내 마음을 따르면 되는 것들이지. 하지만 친구 말이 너무 신경 쓰여서 당당하게 내 뜻대로 하면 된다는 걸 깜빡할 때가 있어. 이럴 때는 마음의 경계선을 더 튼튼히 해 봐.

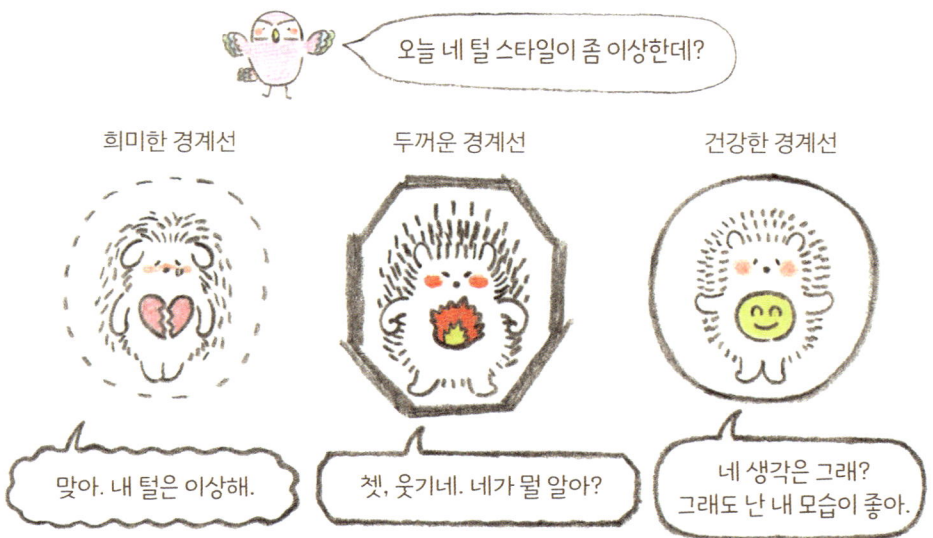

내가 가진 마음 경계선은?
건강한 마음 경계선으로 친구의 의견을 들으면서도 내 마음을 소중히 지켜 봐.

    경계선이 또렷하지 못하면 내 마음은 잘 안 보고 남의 말만 신경 쓰게 돼. 그렇다고 경계선이 너무 두꺼우면 내 생각과 다른 남의 의견은 아예 안 듣고 무시하기도 해. 건강한 경계선을 가진 사람은 내 마음을 소중히 여기면서 남의 의견도 잘 들어. 또 그 의견이 나에게 진짜 도움이 되는지 아닌지 선을 그어서 구분할 줄도 알지. 너는 셋 중 어떤 경계선을 가지고 있니?

    "그 옷은 너한테 안 어울려. 별로야."라고 친구가 너에게 말한다면 그게 도움이 되는 의견인지, 그저 깎아내리는 말인지 먼저 구분해 봐. 만일 별 도움이 되지 않으면 **"너는 그렇게 생각했구나. 그래도 나는 내 모습이 좋아."**라고 말하고 너 자신을 지키렴.

"더 친해지면 하고 싶어."

　어떤 친구랑은 같이 놀면 정말 좋은데, 어떤 친구랑은 같이 노는 게 조금 부담스러워. 너도 그런 적 있니? 왜일까?

　사람에 따라서 편안함을 느끼는 정도가 다 다르기 때문이야. 네 친구들을 모두 떠올려 봐. 인사만 하는 친구, 손잡고 다니는 친구, 집에 놀러 오는 친구, 집에서 자고 가도 되는 친구가 조금씩 다르지 않니? 이처럼 얼마나 친한지, 얼마나 믿는지 등에 따라 나와 더 가깝거나 먼 사람이 나뉘어. 또 가까운 사람이랑 있을 때와 먼 사람이랑 있을 때 내 행동도 달라지지.

경계선 거리 표를 보자. 엄마, 아빠, 동생, 할머니, 삼촌, 이모, 선생님, 단짝, 학원 친구, 옆집 어른, 편의점 점원, 낯선 사람……. 이 사람들을 각각 표의 어느 칸에 넣고 싶어? 마음이 편한대로 정해 봐. 그게 네가 그 사람에게 정한 경계선이야.

그럼 집에 데려오기 부담스러운 친구가 놀러 온다고 하면 어떻게 할까? 부담스러운데 괜찮은 척하지 않아도 돼. 솔직히 말해. **"네가 참 좋지만, 집에 놀러 오는 건 더 친해지면 하고 싶어."** 이처럼 물어본 친구를 배려하면서도 네가 편안한 거리를 지킬 수 있어.

경계선 거리 표
이렇게 행동하면 좋을 거 같은 칸에 주변 사람들을 넣어 봐. 그 사람과 이 거리를 지킬 때 너는 가장 편하고 안전하다고 느낄 거야.

멀어

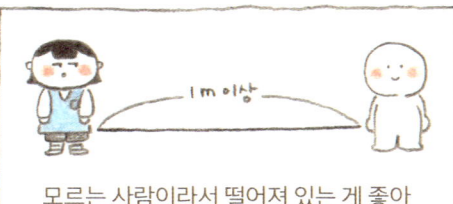
모르는 사람이라서 떨어져 있는 게 좋아

이 사람에게는 공손히 인사하는 게 편해

이 사람과는 친근하게 인사해도 좋아

이 사람은 내 어깨나 손을 만져도 돼

이 사람에게는 비밀도 말할 수 있어

가까워

"단짝이 되고 싶어, 넌 어때?"

안 친했던 친구와 점점 친해져서 단짝이 되거나, 정말 친했던 친구인데 서서히 멀어졌던 경험이 너도 있니? 왜 그렇게 되는 걸까?

나와 다른 사람의 거리가 늘 똑같은 자리에만 있는 건 아니거든. 언제든 바뀔 수 있어. 친했던 친구라도 학년이 올라가서 잘 만나지 못하면 사이가 멀어지기도 해. 잘 모르던 친구라도 자주 만나다 보면 더 친해질 수도 있고. 이처럼 친구와의 거리는 시간이 흐르고 마음이 바뀌면 같이 바뀌는 거야. 우정이 변한다고 속상해하지 않아도 돼. 자연스러운 일이니까 그 마음에 맞게 친구와 거리를 바꿔 보렴.

가장 친하고 마음이 잘 통하는 친구를 '단짝', '절친', '베프'라고 해. 아주 가까운 사이지. 이처럼 거리를 더 가까이 하고 싶은 친구가 있다면 **"같이 집에 가고 싶은데, 어때?", "우리 집에서 같이 놀래?", "단짝이 되고 싶어. 너는 어때?"** 하고 물어봐.

단짝 친구 되는 방법
더 가까워지고 싶은 친구가 생겼다면 네 마음을 말하고, 함께 자주 시간을 보내 봐.

반대로 전에는 아무렇지 않게 하던 행동이 이제 불편하다면 거리가 멀어진 거야. 아빠랑 같이 목욕하는 게 초등학생이 되면서 갑자기 불편해질 때, 친구랑 수영장에서 같이 샤워하는 게 부끄러워질 때……. 그러면 **"혼자 씻고 싶어요.", "같이 샤워하는 게 부끄러워서 난 집에 가서 할게."** 라고 말해. 바뀐 네 마음을 지킬 수 있을 거야.

"이 사진 SNS에 올려도 돼?"

친구랑 찍은 사진이 잘 나왔길래 채팅방 프로필로 올렸어. 그런데 친구가 뭐라고 하는 거야. 이게 그렇게 잘못한 일인가?

생각해 보자. 사진 속 친구의 얼굴은 누가 주인이지? 바로 친구야. 그러니까 친구 얼굴이 나온 사진을 SNS에 올릴 때는 꼭 **"너랑 같이 찍은 사진을 올려도 될까?"** 하고 물어봐. 잘 나왔다고 생각해도 친구가 싫다고 하거나 아무 대답이 없으면 쓰지 않아야 해.

이처럼 내가 찍힌 사진에 대해 내 뜻대로 할 권리를 '초상권'이라고 해. 친구의 굴욕적인 사진을 찍고 웃기다고 퍼뜨리는 장난을 치는 경우도 많은데, 이 행동도 엄격히 말하면 초상권을 침해하는 일이란다.

사진뿐 아니라 글, 대화를 SNS나 채팅방에 올릴 때에도 네가 올린 내용이 다른 사람의 경계선을 넘어서 불편하게 하지 않을지 먼저 생각해. 친구들과 채팅할 때 주의할 점은 101쪽에서 읽어 보렴.

온라인에서 꼭 지켜야 할 중요한 게 또 있어. 인터넷으로 알게 된 사람에게는 네 사진, 이름, 학교, 주소, 전화번호 등 개인 정보를 보내지 않아야 해. 그 내용이 여기저기 유출되어서 나쁜 일에 휘말릴 위험이 크기 때문이지. 온라인에서는 진짜 이름이 아닌 닉네임을 주로 쓰니까 너에게 초등학생이라고 해도 실제로는 나쁜 어른일 수 있단다. 쉽게 믿지 않도록 꼭 조심해.

인터넷할 때 꼭 지킬 것
온라인으로 알게 된 사람에게 개인 정보나 사진을 보내지 않아야 해. 나쁜 일에 쓰일 위험이 있기 때문이야.

"문자는 나중에 다시 하자."

친구가 하루에도 수십 통씩 문자를 보내. 나는 학교 끝나면 바로 학원에 가고, 숙제하기도 바쁜데……. 그렇다고 친구 문자를 모른 척하자니 찜찜해. 너도 이런 적 있니?

먼저 숲속의 나무 이야기를 해 줄게. 나무의 맨 윗부분 가지끼리는 서로 벌어져서 자라려고 한대. 나뭇잎들이 어느 정도 떨어져 있어야 모두 햇빛을 충분히 받고 오래 살 수 있기 때문이지. 친구 관계도 비슷해. 서

어느 쪽이 건강한 사이일까?
친구와 함께하는 시간도 즐겁지만 서로 자유로운 시간도 존중해 주면 더 좋은 친구 사이가 돼.

로 건강한 거리를 지켜 주고, 자유로운 시간을 존중해 주어야 부담 없이 오래 친하게 지낼 수 있어.

 계속 전화하는 것, 시도 때도 없이 뭐 하냐고 묻는 것, 싫다는 데 자꾸 따라다니는 것, 말도 없이 집에 찾아오는 것, 자기랑만 놀자고 하는 것은 친구의 경계선을 넘는 행동이야. 누구나 연락하고 싶을 때 연락할 자유, 놀고 싶은 사람과 놀 자유가 있으니 서로 지켜 주면 좋겠지?

 만일 친구가 너에게 문자를 너무 많이 보내서 방해가 되거나 다른 친구는 만나지 말고 자기랑만 놀자고 한다면 말해 봐. **"지금 숙제하고 있어. 문자는 나중에 할까?", "너랑 노는 것도 좋지만 다른 친구랑도 놀고 싶어."** 이렇게 말이야.

"그건 말하고 싶지 않아."

　우리 반에 좋아하는 애가 있긴 하지만 친구들한테 말하기는 싫어. 부끄럽기도 하고 소문이 날 수도 있잖아. 하지만 친구들이 자꾸만 물어봐. 너라면 어떻게 할 거 같아?

　속마음, 사생활, 개인 정보는 남이 간섭하면 안 되는 나만의 영역이야. **프라이버시**라고도 하지. 내가 겪은 일, 마음에 둔 친구, 키, 몸무게, 부모님의 이혼 같은 가족 이야기, 친구와 나눈 비밀 등 나만의 이야기들이 여기에 들어가.

　이런 이야기를 남에게 말할지 말지, 누구에게 어디까지 말할지는 내가 결정하면 돼. 거리낌 없이 말하는 사람도 있고, 말하기 싫어하는 사람도 있지. 어떤 이야기는 가족과 단짝에게만 하고 싶을 수도 있어. 아무한테도 말하고 싶지 않은 것도 있고.

　네가 이런 이야기를 안 해 준다고 섭섭해하는 친구가 있다면 고민이 될지도 몰라. 하지만 그건 친구를 못 믿거나 존중하지 않아서가 아니라 네 마음이 그냥 불편한 거야. 자연스러운 감정이고, 잘못된 게 아니니 고민하지 않아도 돼. 말하고 싶지 않으면 **"그 이야기는 하고 싶지 않아. 이해해 줄래?", "서로 프라이버시를 지켜 주자."** 라고 해.

　한 친구에게는 말한 걸 다른 친구에게는 비밀로 하고 싶을 때도 있어. 그러면 **"이 이야기는 다른 친구들에게는 말하지 말아 줘."** 라고 미리 알려 줘. 그럼 친구도 비밀을 꼭 지킬 수 있을 거야.

프라이버시를 지키는 방법
그 이야기는 하고 싶지 않다고 솔직히 말해 봐. 좋은 친구라면 네 마음을 존중해 줄 거야.

"나를 진짜 위하는 일은 이거야."

 '어른들 잔소리 안 듣고 매일 내가 하고 싶은 것만 하고 싶다!'고 생각해 본 적 다들 한 번쯤 있겠지?

 여기까지 책을 읽은 친구라면, 내 몸과 마음은 경계선 안에 있고 그 주인이 바로 '나'라는 걸 잘 알 거야. 내 경계선 안에서는 내 뜻대로 할 권리가 있다는 것도 알고 있겠지. 하지만 주인은 권리뿐 아니라 책임도 있어.

우리 반을 생각해 볼까? 내 마음대로 한다며 교실에 모든 친구가 뛰어다니고, 물건을 던지면 어떻게 될까? 다치고 싸우는 친구가 생길 거야. 그래서 반에서는 '교실에서 뛰지 말자.', '친구에게 피해를 주지 말자.'와 같이 규칙을 만들고 조금 불편하더라도 함께 지키도록 해.

너도 마찬가지란다. 치킨을 좋아한다고 매일 치킨만 먹고, 게임을 좋아한다고 하루 종일 게임만 하면 어떻게 될까? 몸 건강이 아주 나빠지고, 마음과 기분에도 안 좋은 영향을 줄 거야.

진짜 나의 주인이라면 건강한 규칙을 지켜서 내 몸과 마음을 책임질 줄 알아야 해. 이때 어린이는 경험과 판단이 아직 부족하니까 부모님, 선생님처럼 믿을 만한 어른의 말을 듣는 거지. **'나를 진짜 위하는 일은 뭘까?'** 스스로 자주 물으면서 나에게 진짜 도움이 되는 것과 아닌 것을 구분해 봐.

패스트푸드 잔뜩 먹기

하루 종일 게임하기

화나면 마구 화풀이하기

진짜 나의 주인이라면?
내 몸과 마음에 무엇이 좋고 나쁜지를 알고 도움이 되는 것을 선택할 줄 알아야 해.

마음대로만 하는 게 나를 진짜 위하는 일일까?

경계선 지키기 실전 연습

친구 사이에 경계선을 잘 지키려면?

경계선은 몸, 마음, 생각, 물건 등 내가 주인인 소중한 영역을 구분하는 안전선이야. 서로 잘 알고 지키면 나, 친구, 주변 사람 모두를 보살필 수 있지. 경계선을 사람들에게 정확히 알려 주는 것도 좋아. 잘 모르고 선을 넘어서 불편하게 하거나 마음에 상처 주는 일을 막을 수 있거든. 조심할 점을 미리 알고 배려할 수도 있지.

1. 내 경계선 알고, 친구에게 알려 주기

내 경계선을 알아볼 때 뭐부터 할지 모르겠다면 아래처럼 해 봐. 빈 종이에 네 마음이 편하게 허락할 수 있는 것과 없는 것을 나누어 적어. 생각이 날 때마다 계속 덧붙여 적으면 돼.

나의 경계선

○ 허락할 수 있는 것	✗ 허락할 수 없는 것
친구랑 학원 가기 전까지 노는 것	친구 때문에 학원에 빠지는 것
친구에게 책 빌려주는 것	친구가 내 몸을 손으로 치는 것
친구랑 손잡고 집에 가는 것	친구가 나에게 욕하는 것

빈 종이에 네가 직접 써 봐.

이렇게 내 경계선을 자세히 알아 두면 친구들에게 말하는 것도 훨씬 쉬워져. 빈칸을 채우며 연습해 봐. 친구끼리 경계선을 잘 지키자고 약속도 해 보렴.

나는 _____ 건 괜찮아(허락할 수 있어).

나는 _____ 건 안 돼(허락할 수 없어).

나 _____ 은(는) 친구의 경계선을 지키고 존중할 것을 약속해.

2. 무심코 쓰는 경계선을 넘는 말 조심하기

아래는 사람들이 무심코 많이 쓰지만 경계선을 넘어서 상대방을 불편하게 할 수 있는 말이란다. 친구끼리 쓰지 않도록 배려해. 경계선이 뭔지 아직 잘 모르거나 실수하는 사람이 있으면 이 책을 같이 읽거나 네가 배운 내용을 친절하게 알려 줘도 좋아.

- ✘ "너 키랑 몸무게가 몇이야?" - 개인 정보를 쉽게 묻는 말
- ✘ "너는 외동아들이라 그렇구나." - 쉽게 판단해 버리는 말
- ✘ "그럼 그렇지. 못할 줄 알았어." - 비웃거나 무시하는 말
- ✘ "네가 아이돌이 된다고? 안 될걸." - 다른 사람의 가치를 낮추는 말
- ✘ "살 좀 빼." - 소중한 몸을 지적하는 말
- ✘ "걔랑 놀지 마. 나랑만 놀아." - 건강한 거리를 지키지 못하는 말

> 2장

너와 나를 이어 주는 동의

친구와 편안하고 좋은 관계가 되려면
경계선이 뭔지 아는 게 중요하다고 배웠어.
내 경계선 안에 무엇이 있고, 어떻게 지키는지도 알아봤지.
이번에는 친구의 경계선을 지켜 주는 '동의'를 배워 보자.
나도, 친구도 존중하며 서로 더 친해지게 이어 줄 거야.

"이렇게 해도 될까?"

사촌 동생이 정말 귀여워. 볼이 말랑말랑 보들보들, 한번 꼬집어 봤지. 그런데 동생의 기분은 어땠을까? 동생의 표정을 살펴봐.

동생이 아무리 어려도 볼은 동생의 것이고, 동생의 경계선 안에 있어. 네가 다른 사람의 경계선 안으로 들어가고 싶다면, 불쑥 넘어가지 말고 먼저 물어봐야 해. 이것을 '동의를 구한다.'라고 하지.

동의는 한가지 '동', 뜻 '의', 그러니까 서로 생각을 같게 한다는 뜻이

동의를 구하는 방법
친구랑 하고 싶은 게 있다면 친구에게 먼저 물어보고, 친구가 대답하면 존중해 줘.
105쪽으로 가서 동의 구하는 것을 더 연습해 봐.

야. 그 일을 해도 되냐고 상대방에게 허락받는 거란다. 네 경계선이 소중한 것처럼 상대방의 경계선도 똑같이 소중히 여기는 거지. 동의를 구할 때는 "~할까?", "~해도 돼?"라고 그 사람의 생각을 물어봐. 그리고 그 사람이 대답하면 따르면 돼.

    동생의 볼을 만지고 싶다면 동생에게 먼저 물어보고, 괜찮다고 할 때만 만져. 친구 사이도 똑같아. 같이 놀고 싶으면 친구의 생각을 물어봐. 친구는 다른 게 하고 싶을 수도 있고, 놀고 싶은 기분이 아닐 수도 있어. 그래서 물어보고 미리 어떤지 알아보는 거야.

    동의는 또한 상대방의 대답을 존중해야 해. 동생이나 친구가 싫다고 해도 화내고 원망할 일은 아니란다. 네 경계선 안에서 네 뜻을 따르듯, 다른 사람도 자기 경계선에서 자기 뜻대로 할 수 있다는 걸 기억해.

"싫으면 편하게 말해 줘."

교환 일기를 같이 쓰자고 친구에게 동의를 구했는데, 친구가 아무 대답이 없어. 싫다고는 안 했으니까 같이 쓰자는 건가? 어떻게 생각해?

아무 대답이 없다면 동의한 게 아닐 수 있어. '싫다'라고 처음부터 확실히 말할 수 있는 사람은 생각보다 많지 않거든. 어른들도 상대방이 기분 나쁘거나 서로 서먹서먹해질까 봐 바로 싫다고 말하지 못하는 경우가 많아. 그럼 이럴 때 친구의 생각을 어떻게 알 수 있을까?

친구가 말을 돌리고 갑자기 조용해진다면, 표정이 굳거나 눈을 돌린다면, "괜찮아?" 하고 다시 물어보렴. "싫으면 편하게 말해도 돼."라고 덧붙이면 친구의 마음을 조심스레 살필 수 있지.

이렇게 해도 친구가 끝내 대답하지 않으면 싫은 것일 수 있어. 알았다고 하면서도 말끝을 흐릴 때, 표정이 어두워질 때도 마찬가지야. 그렇다면 친구의 마음이 편안해지도록 "하기 싫으면 안 해도 괜찮아."라고 말해 주면 정말 멋지겠지?

진짜 동의를 구한다는 건 이처럼 상대방의 표정이나 마음까지 살필 줄 아는 거란다. 동의를 제대로 구할 수 있게 자주 연습해 봐.

동의한 것 같은 표정과
동의하지 않은 것 같은 표정을 각각 골라 봐.

"생각할 시간이 필요해."

 반 친구가 같이 스티커 사진을 찍자고 해. 그 친구랑 친하기도 하고 솔직히 호감도 있지만, 같이 사진을 찍을 정도인지는 모르겠어. 그렇다고 꼭 싫은 것도 아니야. 고민이네! 너라면 어떻게 할래?
 친구가 동의를 구하는데 싫지도 좋지도 않은 애매한 느낌이 들 때가 있어. 그건 너에게 생각할 시간이 필요하다는 신호야. 당장 대답하지 않아도 돼. 솔직하게 "잘 모르겠어.", "생각할 시간을 줘."라고 말해.

그런 다음, 시간을 두고 진짜 하고 싶은 일인지 생각해 봐. 혼자 결정하기 어려운 일이라면 믿을 만한 어른에게 조언을 구할 수도 있지. 반대로 네가 친구에게 동의를 구했을 때 친구가 잘 모르겠다고 하면 똑같이 시간을 줘. **"생각할 시간이 필요하구나. 기다릴게."**라고 말이야.

고민되는 일이 생겼을 때 잘 결정하려면 평소에 내가 좋아하는 것, 싫어하는 것, 동의할 수 있는 것, 동의할 수 없는 것을 많이 알아 두면 좋아. 나 자신이 어떤 사람인지 제대로 알고, 편안하고 만족스럽게 선택하는 것을 배우는 방법이지.

연습해 볼까? 아래에서 네가 지금 동의하는 것에는 ○, 동의하지 않는 것에는 ×를 해 봐. 잘 모르겠으면 △를 하고 생각할 시간을 가져.

"미안하지만 먼저 갈게."

친구의 생일에 초대를 받아서 갔어. 그런데 자기네 반 친구들끼리만 이야기하고 나는 대화에 끼워 주지 않는 거야. 혼자 있으려니 속상했어. 그렇지만 생일에 온다고 동의한 게 나니까 불편해도 끝까지 있는 게 예의일까? 어떻게 생각해?

처음에는 친구들과 재미있게 놀 생각이었지만 집에 가고 싶은 상황이 생길 수 있어. 그러면 먼저 집에 가는 것도 괜찮아. 처음에 동의했다고 끝까지 꼭 지켜야 하는 건 아니야. '이건 좀 불편해.' 하는 일이 생긴다면 **"미안하지만 나 먼저 갈게."** 라고 해 봐.

너랑 한참 재미있게 놀던 친구가 갑자기 기분 나쁜 장난을 치면 어떨 거 같아? 같이 축구하던 친구들이 길고양이를 보고는 같이 괴롭히자고 하면? 방금 전까지도 친구와 재미있게 놀았지만 '어, 이건 아닌 것 같은데?'라는 마음이 들 거야.

이때는 마음의 멈춤 버튼을 누르고, 그만한다고 해. **"그런 장난은 별로야. 나는 먼저 갈게.", "그건 싫어, 다른 거 하자."** 라고 말하렴. 처음에 같이 어울리기로 했을 때는 친구가 그런 행동을 할지 몰랐던 거잖아. 같이 놀다가도 거기서 벗어나고 싶은 마음이 들면 언제든지 멈추어도 괜찮아.

동의한 것을 바꾸고 싶다면?
친구랑 같이 놀기로 약속했다고 친구가
나쁜 장난을 치는데 끝까지 있지 않아도 돼.
불편하면 그만 놀겠다고 해.

동의한 것을 바꾸기

"내 의견도 들어줄래?"

반에서 연극을 준비하느라 친구들이 모여서 연습하고 있어. 그런데 한 친구가 다른 친구들 대사를 자기 말투처럼 읽으라고 하는 거야. 솔직히 난 그렇게 읽는 건 별로인데, 친구 말을 따라야 할까?

"이렇게 하는 건 어때?"라고 친구에게 물어보지 않고, "이렇게 해!"라고 일방적으로 말하는 일이 있어. 이런 건 **명령**이라고 해. 학급 임원이라는 이유로, 힘이 세다는 이유로 한 친구가 친구들의 의견을 묻지도 않고 무언가를 시키는 경우도 있지. 누가 네 의견을 묻지 않고 마음대로 하려 하면 **"네 생각을 알겠어. 그런데 내 생각도 들어줄래?", "같이 의논해서 정하자."** 라고 해. 만일 이렇게 말하는 게 어려워서 친구 말을 따른 것이라면, 겉으로는 따랐을지 모르지만 진짜 동의한 건 아니야. 마음속으로는 불만이 쌓일 수 있지.

명령은 한 사람이 힘을 가지고 다른 사람에게 일방적으로 뭘 시키는 거야. 동의는 힘을 사이좋게 나누어 가지면서 생각을 주고받는 거고. 그러니까 여러 친구가 모여서 즐겁게 커다란 힘을 만들고 싶다면 명령하기보다 동의를 구하는 게 좋아.

너는 평소 동의와 명령을 잘 구분하니? 친구의 말에 싫다고 하지 못해서 그냥 따를 때가 있었는지, 네가 친구에게 명령 투로 말할 때는 없었는지 생각해 봐.

명령과 동의의 다른 점
명령은 한 사람 뜻만 따르는 거야.
동의는 함께하는 모든 사람의
뜻을 존중하는 거지.

"그건 하고 싶은 일이 아니야."

친구가 학원에 빠지고 같이 피시방에 가자고 했어. 다른 애들이 다 간다길래 나도 간다고는 했는데, 집에서 알면 혼날까 봐 너무 걱정이 돼. 너라면 어떻게 할래?

먼저 한 연구 결과를 알려 줄게. 초등학생에게 '욕하는 친구를 따라 욕한 적이 있나요?'라는 설문 조사를 했더니 많은 친구들이 그런 적이 있다고 답했어. 또 반에서 인기 많은 아이가 다른 아이들에게 학원을 빠지자고 하는 실험도 했는데, 이때도 많은 아이들이 동의했지.

이처럼 친하거나 인기 많은 친구가 무언가를 하면 나도 영향을 받아 따라 하게 돼. 친구 무리에 속한다는 느낌을 얻고 싶으니까. 그건 자연스러운 마음이야. 하지만 친구에게 잘 보이려고 내키지 않는 무리한 행동을 하는 것, 위험한 장난을 치는 것, 거짓말하는 것은 신중히 생각해야 해. 스스로 이렇게 물어보렴.

내가 정말 하고 싶은 일일까?
하고 나서 나중에 후회하지 않을까?
나 때문에 혹시 상처받는 사람이 생길까?

너에게 어울리지 않는 행동을 해야만 멋진 친구를 사귈 수 있는 게 아니야. 네가 어떤 친구와 놀면서 무리한 행동을 자주 하게 되었다면, 오히려 좋지 않은 관계라는 뜻일 수 있어. 너 자신을 꼭 돌아보도록 해.

친구를 따라 하는 게 좋을까?
다른 친구들이 동의하고 따라 해도 너는 싫을 수 있어.
내 마음의 소리를 잘 듣고 행동해 봐.

"의견을 모두 들어보자."

학교가 일찍 끝나서 친구들이랑 오랜만에 간식을 먹으러 가기로 했어. 그런데 가고 싶은 데가 다 다른 거야. 이럴 때는 어떻게 할까?

한 명에게 동의를 구할 때도 있지만, 이처럼 여럿이 같이 동의해야 할 때도 있어. 그럴 때는 **"우리 뭐 할까? 모두 의견을 말해 보자."** 하고 물어봐. 의견을 말할 때는 이유도 같이 들면 좋아. 여러 사람의 동의를 구하는 건 두 사람일 때보다 복잡하고 시간도 더 걸려. 그러니까 이유까지 꼼꼼히 말하면 장단점을 비교하고 결정을 내리기가 편해지지. **"햄버거 가게는 오래 앉아서 이야기해도 되니까 거기 가면 어때?"** 이렇게 말이야.

의견이 여러 개로 나와서 하나로 모을 때는 다수결로 정하거나, 가위바위보를 할 수도 있어. 서로 한 번씩 양보하는 것도 괜찮아. **"지난번에는 민주 의견대로 했으니까 오늘은 소윤이 의견대로 할까?"** 하고 친구 의견을 한 번씩 돌아가면서 따르는 거지.

여러 명이 동의할 때 알아 둘 게 하나 더 있어. 어떤 의견이든 존중하는 거야. '그건 별로야.', '뭐 그런 걸 하자고 하니?' 같은 말은 피하렴. 여러 명이 함께할 때는 무엇을 하느냐도 중요하지만 배려하며 다같이 즐거운 시간을 보낸다는 것도 아주 중요하니까.

여러 명의 동의를 구하는 방법
여러 명이 동의하는 건 두 명이 할 때보다 복잡하고 시간도 걸려. 이런 방법으로 해 봐.

① 의견을 다 말하고,

② 그중 하나를 다수결로 정하거나

③ 가위바위보로 정해 봐.

④ 의견을 한 번씩 돌아가며 따르는 것도 좋아!

"내 뜻을 존중해 줘."

　짝꿍이 당번을 바꿔 달라고 부탁했어. 그런데 나도 이번 주 학원 숙제 때문에 바쁜걸. 친한 친구 부탁을 안 들어주면 내가 이기적인 걸까? 어떻게 생각해?

　친구가 자기 부탁을 안 들어준다고 화를 내거나 치사하다고 하면 마치 네가 잘못한 것 같은 느낌이 들 수 있어. 나쁜 친구, 이기적인 친구가 된 듯한 기분이 들기도 하지. 하지만 기억해. 친구가 "친구끼리 이런 것

동의와 강요의 다른 점
동의는 친구가 싫다고 대답해도 존중하는 거야.
친구에게 미안한 마음이 들게 해서 싫은 일을 시키려는 건 강요야.

도 못 해 줘?", "너는 진정한 친구가 아니구나.", "이거 안 해 주면 너랑 안 놀아."라고 말한다면 너에게 죄책감을 불러일으키고 있다는 걸 말이야.

 '죄책감'은 잘못을 했을 때 책임을 느끼는 마음이지. 그러니까 네가 잘못한 것 같은 느낌, 미안한 마음이 들게 해서 억지로 부탁을 들어달라고 하는 거야. 이건 동의를 구하는 게 아니라 **강요**하는 것일 수 있어.

 부탁을 들어주지 않는 게 잘못은 아니란다. 올바르게 동의를 구할 줄 아는 사람이라면 친구의 대답을 존중하지, 마음대로 친구를 휘두르려고 하지는 않아. 이럴 때는 **"미안, 이건 들어줄 수가 없어.", "별로 하고 싶지 않은데, 내 마음을 존중해 줄래?", "안 놀 거라는 말은 안 했으면 좋겠어."**라고 말하면 돼.

"싫어요! 안 돼요!"

길에서 낯선 어른이 어디를 같이 가자거나 무언가를 준다고 오라고 하는 일이 생길 수 있어. 이때 따라가면 안 된다는 걸 잘 알고 있겠지?

어른이 어린이에게 선물을 준다고 꼬시거나 무섭게 굴어서 무언가를 하게 만드는 건 동의가 아니야. **강요**와 **협박**이고, 심하면 범죄까지 돼. 낯선 어른뿐 아니라 친척, 잘 알고 지내는 동네 어른이어도 다음의 행동을 너에게 한다면 큰 소리로 싫다고 말해.

- 소리를 지르고 때리려 한다.
- 내 몸을 보여 달라고 하거나 자기 몸을 보여 주려고 한다.
- 자기와 있었던 일을 비밀로 하라고 한다.
- 말을 안 들으면 내 잘못이나 비밀을 다른 사람에게 알린다고 한다.
- 휴대폰으로 이상한 메시지를 보낸다.

"**싫어요!**", "**안 돼요!**" 하고 자리를 빨리 벗어나. 억지로 너를 붙잡으면 "**도와주세요!**"라고 크게 외쳐서 주변 어른들에게 도움을 구하렴.

이런 일을 겪으면 너무 무서워서 싫다는 말조차 나오지 않을 수도 있어. 부모님, 선생님처럼 믿을 만한 어른에게 있었던 일을 꼭 말해. 바로 싫다고 하지 못했어도 절대 네 잘못이 아니야. 나쁜 어른의 잘못이지. 만일 어디에 도움을 구해야 할지 모르겠다면 아래 번호로 연락해 보자.

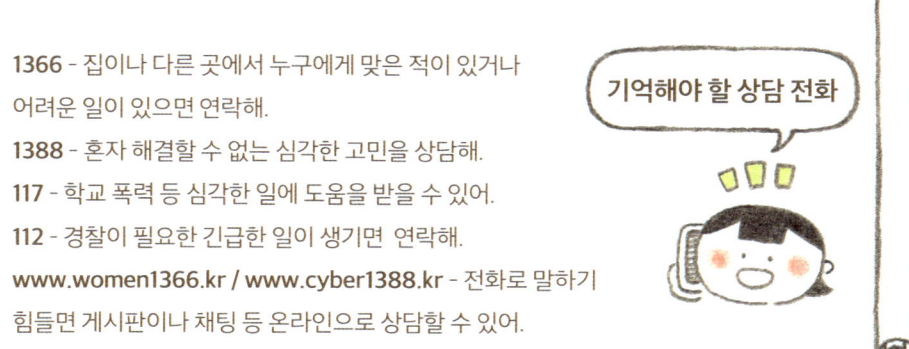

기억해야 할 상담 전화

1366 - 집이나 다른 곳에서 누구에게 맞은 적이 있거나 어려운 일이 있으면 연락해.
1388 - 혼자 해결할 수 없는 심각한 고민을 상담해.
117 - 학교 폭력 등 심각한 일에 도움을 받을 수 있어.
112 - 경찰이 필요한 긴급한 일이 생기면 연락해.
www.women1366.kr / www.cyber1388.kr - 전화로 말하기 힘들면 게시판이나 채팅 등 온라인으로 상담할 수 있어.

"너는 어떻게 생각해?"

친구가 너무 당연하게 "너도 그렇지?" 하고 물어보니까 나는 별로여도 아니라고 하기가 망설여져. 혹시 너도 이런 적 있니?

"너도 그렇지?"라고 친구가 물으면 듣고 싶은 대답을 이미 정해 놓은 것처럼 느껴져. 그러니까 대충대충 대답하게 되지. 이처럼 답을 정해 놓은 것 같은 질문을 닫힌 질문이라고 해.

"이번 주에 영화 보고 싶은데, 너는 어때?"라고 바꾸어 물으면 어떨까? 그럼 친구도 대충 대답하는 대신 보고 싶은지 아닌지, 보면 뭘 보고 싶은지 훨씬 자유롭게 말할 수 있을 거야. 이처럼 친구가 의견을 편하게 대답할 수 있는 질문은 열린 질문이라고 해.

닫힌 질문도 할 수는 있지만, 열린 질문을 많이 하면 친구의 속마음과 생각을 더 자세히 알 수 있어.

열린 질문을 하려면 "무슨~", "어땠어?", "어떻게 생각해?"를 넣어서 물으면 돼. 그럼 친구는 좋아하는 것, 하고 싶은 것, 기분 등을 즐겁게 대답할 수 있을 거야.

동의하기 실전 연습

건강한 동의는 3가지를 지켜야 해

　동의는 다른 사람의 몸과 마음을 지켜 주는 방법이야. 친구에게 어떤 말이나 행동을 해도 괜찮은지 미리 물어보고 허락을 받는 거니까. 그런데 가끔은 한 친구는 동의라고 생각했지만, 다른 친구는 동의가 아니었던 일이 생기기도 해. 왜일까? 동의를 구할 때 꼭 갖추어야 할 3가지를 알아보자.

1. 확실하게 말한 것만 동의야
　"알았어.", "좋아." 등 분명히 말한 것만 진짜 동의야. 만일 친구가 대답을 머뭇거린다면 아직 동의가 아니지. 친구의 표정과 행동을 살펴봐. 눈을 피하거나, 표정이 굳고, 말을 돌리면 싫다는 뜻일 수 있어. 대답하기 어려워하는 친구를 기다려 주렴. 그래도 확실하게 대답하지 않으면 동의가 아닌 거야.

2. 지금 말한 것만 동의야
　전에 동의했던 일이라도 지금은 동의하지 않을 수 있어. 친구 물건을 한 번 빌려 쓴 적이 있다고 해서 다음번에도 당연히 빌려 써도 되는 건 아니야. 친구의 마음과 상황이 그동안 바뀌었을 수도 있으니까. 다시 물어보고 그때그때 동의를 받은 것만 진짜 동의라고 할 수 있어.

3. 지나치게 눈치 보지 않고 말한 것만 동의야
　한 사람이 다른 사람의 눈치를 지나치게 보고 있다면 말로는 동의했어도 진짜 동의가 아닐 수 있어. 주눅이 들어 있으니까. 한 친구가 다른 친구의 눈치를 보지 않는 동등한 관계에서만 진짜 동의를 할 수 있지.

친구와 동등하고 건강한 관계인지 체크리스트로 확인해 봐. 그렇지 않은 관계라면 동의를 바르게 주고받기 힘들어. 고민되는 점이 있다면 부모님이나 선생님께 도와달라고 해.

건강하지 않은 친구 관계 체크리스트

너에게 이런 친구가 있다면 체크해. 1개라도 있다면 그 친구와는 올바른 동의를 주고받을 수 없으니 거리를 두는 게 좋아.

- [ ] 그 친구의 눈치를 계속 봐.
- [ ] 그 친구와 같이 있으면 불안하고 힘이 들어.
- [ ] 그 친구가 나보다 더 센 것 같아.
- [ ] 그 친구는 나한테 무언가 억지로 시키려고 해.
- [ ] 그 친구가 다른 친구를 만나지 못하게 해.
- [ ] 그 친구보다 내가 늘 부족한 느낌이 들어.

눈치 보는 가짜 동의   건강한 진짜 동의

3장

모두를 위한 지혜로운 거절

친구가 네 의견을 묻지 않고 마음대로 하면 불편하고 싫을 거야.
그럴 때는 싫다고 '거절'할 줄 알아야 해. 하지만 싫다고 말하는 것이나
싫다는 말을 듣는 것 모두를 어려워하는 사람들이 많지.
하지만 몇 번만 해 보면 금방 익숙해져!
지혜롭게 할 수 있는 방법을 가르쳐 줄게.

"다음에 같이하자."

내가 같이 놀자고 했는데, 친구가 무뚝뚝한 표정으로 싫다고 하는 거야. 좀 민망했어. 혹시 내가 싫어서일까? 어떻게 생각해?

친구가 놀고 싶지 않으면 당연히 싫다고 **거절**할 수 있어. 거절한 이유가 네가 싫어서는 아닐 거야. 마음이나 상황에 따라 좋고 싫을 때가 있고, 할 수 있을 때와 할 수 없을 때가 있어서 그렇지.

너도 친구가 놀자는 데 별로 놀고 싶지 않을 때가 있겠지? 친구의 기분을 맞추려고 억지로 놀겠다고 하지 않아도 돼. 이럴 때 거절을 잘하면 네 마음을 지킬 수 있어.

부드럽게 거절하는 방법
같이 놀자는 친구에게 거절할 때는 말해 줘서 고맙다고 하고 다음에 놀자고 해. 다른 날로 약속을 정해도 좋아.

마음을 솔직하게 말해 봐. 물론 그렇다고 "아니, 안 할래.", "난 싫어."라고 딱 잘라 말하면 친구가 민망해서 다음 번에는 같이 놀자고 말하기가 어려울지 몰라. 너는 '그때' 노는 게 안 되는 거였는데, 친구는 '자기랑' 노는 게 싫다는 것으로 오해할 수도 있어.

놀자고 말해 준 친구를 배려하면서 "말해 줘서 고맙지만, 다음에 같이하자."라고 부드럽게 거절해 보렴. "오늘 기분이 안 좋아서 혼자 있고 싶어서 그래."라고 이유를 친절하게 말해 줘도 좋아.

"다음에 같이하자."라는 말에는 지금은 안 되지만 다음에는 꼭 함께하고 싶다는 마음이 담겨 있어. 나랑 같이 놀고 싶었던 친구의 마음을 존중하는 말이지. 이렇게 표현하면 친구도 오해하거나 서운해하지 않을 거야.

"글쎄, 잘 모르겠어."

우리 반에 아이돌처럼 옷을 엄청 잘 입는 친구가 있어. 그렇다고 잘난 척한다고 생각해 본 적은 없는데, 너라면 뭐라고 대답할래?

친구들끼리 이야기하다가 다른 친구를 흉보는 일이 있을 수 있어. 너도 같이 흉본 적 있니? 그때 어떤 마음이 들었니? 흉본 것을 그 친구가 혹시 알게 될까 봐 불안했던 적은 있니? 그 친구가 진짜로 전해 들어서 안 좋은 감정이 생긴 적도 있어?

은근슬쩍 거절하는 방법
아이들이 친구를 흉볼 때, 모르겠다고 하거나 다른 이야기로
말을 돌리는 것도 거절하는 방법 중 하나야.

　조금이라도 마음이 불편하거나 걱정되는 점이 있다면 흉보지 않는 게 좋아. 그렇다고 친구가 다른 친구를 흉볼 때 "흉보지 마!"라고 하려니 친구가 무안해할까 봐 고민이 될 수 있어. 거절할 때 "하지 마!"라고 단호하게 말해야만 하는 건 아니야. 이럴 때는 은근슬쩍 거절하는 것도 괜찮은 방법이지. 친구 말을 듣기만 하고 흉보는 건 같이하지 않는 게 바로 그거야.

　친구들이 흉볼 때 너는 잘 모르겠다고 하거나 다른 이야기로 말을 돌려도 돼. "글쎄, 걔네랑 말해 본 적이 없어서 모르겠어.", "그런데 오늘 급식 메뉴는 뭐야? 배고프다." 이렇게 말하면 네가 불편한 이야기가 길게 이어지지 않게 할 수 있지.

"싫어! 하지 마!"

　인사라며 자꾸 머리를 때리는 친구가 있어. 진짜 아프고, 기분도 나빠. 나를 우습게 보는 것 같기도 해. 너라면 어떻게 할래?
　지금까지는 부드럽게 거절하는 방법을 살펴봤는데, 딱 잘라 거절해야 할 때도 있어. 누가 너를 때리거나 괴롭힐 때, 몸을 함부로 만지려고 할 때는 큰 소리로 거절해. "싫어, 하지 마!", "때리지 마. 기분 나빠!" 하고 친구의 눈을 바로 보면서 또박또박 말해. 웃거나 힘없는 표정이 아니라 진지하고 단호한 표정을 지어야 한다는 것도 잊지 마. 이게 어색한 친구는 집에서 가족들과 실제처럼 연습해 보렴. 거울을 보고 수십 번 연습해도 좋아.

　단호하게 거절했는데도 친구가 계속 함부로 대하면 **"선생님께 말씀드릴 거야."** 하고 선생님께 도움을 구해. 선생님께 말하는 건 고자질이라는 친구도 있을 거야. 하지만 반에서 생기는 문제를 선생님이 아는 건 당연해. 너를 괴롭히는 친구에게 '얘를 건드리면 결국 선생님까지 알게 된다.'라는 걸 보이기 위해서라도 꼭 선생님께 알려.

　웃으며 받아 주면 '착한 아이', 화내고 거절하면 '못된 아이'라고 생각하는 친구들이 많아. 하지만 나를 나쁘게 대하는 사람을 참는 건 정작 나 자신에게 착한 게 아니야. 가장 소중한 나를 먼저 지키렴. 딱 잘라 거절하는 게 처음에는 어려워도 몇 번 해 보면 생각보다 쉬워질 거야.

단호하게 거절하는 방법
누군가 너를 때리거나 괴롭히면 '싫어.', '하지 마!'라고 말해. 큰 소리로 또박또박, 눈에 힘을 주고 말하는 것도 잊지 마. 81쪽, 105쪽으로 가서 거절하는 것을 더 연습해 봐.

"나는 안 할래."

　친하게 노는 친구들이 의자 빼는 놀이를 같이하자고 해. 하지만 어제도 그 장난 때문에 운 친구가 있었거든. 그런데 오늘은 나더러 하라니, 어떻게 해야 할까?

　친구들이 이런 장난을 같이하자고 할 때가 있어. 하지만 조심해야 해. 특히 몸을 다칠 수 있는 행동은 큰 사고로도 이어질 수 있어서 절대 가벼운 장난이 아니야. 또 다른 친구들에게 이런 일을 당한 친구는 마음

친구가 위험한 장난을 치자고 하면?
몸을 다치거나 남에게 피해를 줄 수 있는 일은
아무리 친한 친구가 하자고 해도 거절해야 해.

에 상처가 생겨서 어른이 되어서까지 힘들어할 수 있지.

우리에게는 '양심'이라는 게 있어서, 옳지 않은 일이라는 생각이 들면 마음이 불편해져. 네 마음이 아주 불편하고, 남에게 피해를 주는 행동이라는 생각이 든다면 꼭 거절해. "아니, 난 안 할래. 친구를 괴롭히는 일이야."라고 말하면 돼.

친한 친구가 하자고 했다고 하고 싶지 않은 일을 따라 하면서 네 경계선을 무너뜨리지 마. 거절하면 친구가 싫어할까 봐 고민될 수 있지만, 진짜 좋은 친구 관계란 서로의 양심과 생각을 지키게 도와주는 사이인 거야. 너에게 아무리 잘해 주는 친구라도 같이 놀 때 양심과 생각을 지키지 못하는 일이 자꾸 생긴다면 돌아봐야 해. 건강한 친구 사이가 아닐 수도 있거든.

"나를 응원해 줘."

반에서 올리는 연극에서 내가 주인공을 맡게 되었어! 그런데 친구가 나더러 잘 못할 거 같다는 거야. 그 말을 들으니 갑자기 자신감이 뚝 떨어졌어. 어떻게 해야 할까?

친구가 너에게 기운 빠지는 말을 하면, 그 말보다 너 자신을 더 존중하면 돼. 힘 빠지는 말이 마음속 깊이 들어오지 않게 앞에서 배운 것처럼 경계선을 또렷하게 그어. 자존감이라는 말, 많이 들어 봤지? 자존감은 언제나 나 자신을 소중히 대하는 마음을 뜻해. 친구에게 **"난 잘할 수 있어.", "네가 나를 응원해 주면 좋겠어."**라고 말해 봐. 깎아내리는 듯한 말을 정중히 거절하는 방법이야.

　네가 못할 것 같다는 건 친구의 생각일 뿐이야. 친구가 너를 완전히 알지 못하니까 틀린 생각일 수도 있지. 질투로 그냥 하는 말일 수도 있어. 그러니 다른 사람의 생각이나 질투 때문에 너무 고민하지 않아도 돼.

　연극이나 발표를 앞두고 있다면 잘하고 싶어서 긴장되고, 사소한 말에도 예민해질 수 있어. 이럴 때는 '꼭 잘해야 돼.'라는 생각보다는 '내가 할 수 있는 만큼 최선을 다하자.'라고 생각해 봐. 처음부터 완벽하지 않아도 최선을 다한다면 너는 매일매일 더 배울 거고, 결국 멋지게 성장할 테니까.

난 나를 믿어.

난 내가 자랑스러워.

난 나를 사랑해.

자존감이란?
'어떤 일을 잘하든, 못하든 상관없이 난 소중해.'
이것을 잊지 않는 게 자존감이 있다는 거야.

"내 마음이 그래."

친구가 부탁하는데 거절하고 싶을 때가 누구에게나 있어. 또 왜 거절하는지 분명히 말할 수 있을 때도 있지만, 때로는 그럴 듯한 이유가 없거나 이유를 말하기가 곤란할 때도 있지.

그럴 때 거절하는 이유를 뭐라고 댈지 고민한 적 있니? 아마 거절하는 건 미안한 일, 친구를 실망시키는 일이라는 생각이 커서 그럴 거야. 하지만 남의 부탁을 언제나 다 들어줄 수 있는 사람은 세상에 없어. 그

거절하는 이유를 말하기 어려우면?
꼭 말하지 않아도 괜찮아. 이유를 설명하기
어렵지만 네 마음이 그렇다고 해 봐.

래서 내가 할 수 있는 일과 할 수 없는 일을 다른 사람에게 정확히 알리려면 거절이 필요해. 무조건 미안해할 일은 아니란다.

거절할 때 이유를 말하기 어려우면 말하지 않아도 괜찮아. 거절하는 이유를 친구에게 꼭 이해시켜야 하는 것도 아니야. 이유를 말할 수 없는 경우도 꽤 많거든. 왜 거절하고 싶은지 너도 잘 모르겠을 때, 어렴풋이 알지만 말하기 힘들 때, 이유를 말하면 친구가 상처받을 거 같을 때, 이야기가 너무 길어지거나 말싸움이 생길 것 같을 때…….

거절하고 싶은 느낌은 이유가 잘 떠오르지 않아도 네 몸과 마음이 정확히 알고 있어. 친구의 눈을 피하고 싶거나 자리를 벗어나고 싶은 느낌이 든다면 바로 그 신호지. **"미안. 그건 싫어. 이유는 말하기 어려운데 내 마음이 그래."** 라고 해 봐. 이때 말투는 부드러운 게 좋겠지? 이유를 말하지 않아도 친구를 배려하며 거절할 수 있어.

"아직은 사귀고 싶지 않아."

친하게 지내던 친구가 고백했어. 나도 그 애에게 관심이 조금 있었지만 갑자기 사귀자고 하니 당황스러워. 어떻게 대답하면 좋을까?

학교에서 친구끼리 서로 사귀는 일이 있을 거야. 그런 친구들이 좋아 보여서 호기심으로 한번 따라 하고 싶기도 하지. 하지만 어떤 친구와 사귈지 말지는 네 마음을 잘 들여다보고 신중히 결정해.

앞에 경계선 거리에서 배운 것처럼 네가 편안하고 안전하게 느끼는 둘 사이의 거리를 정해 봐. 마음이 조금이라도 확실하지 않다면 사귀자는 데 동의하지 않아도 돼. 필요하면 믿을 만한 어른과 의논해도 괜찮지. 마음이 확실하지 않아서 고백한 친구에게 거절한다면 **"아직 사귀고 싶지 않아. 내 마음을 이해해 줘."** 라고 해.

만일 고백을 받아들여서 사귀는 사이가 되었어도 뽀뽀나 포옹 같은 신체 접촉을 해야 하는 건 아니야. 이때에도 네가 가장 편안한 몸의 경계선을 정해. 조금이라도 불편하거나 친구가 허락 없이 경계선을 넘으면 확실히 거절하렴. 아끼고 좋아하는 사이일수록 서로의 경계선을 더욱 소중히 해야 해.

사귀는 게 싫어지면 어느 때고 헤어질 수도 있어. 언제든지 네가 원하면 헤어지자고 말해. 반대로 네가 헤어지자는 말을 들을 때는 그대로 받아들일 줄 알아야 해. 마음이 많이 아플 수도 있지만 그게 네가 좋아하는 친구의 선택을 존중하는 일이니까.

친구와 사귀거나 헤어질 때
서로 사귀겠다고 결정할 때,
사귀는 동안과 헤어질 때도
서로의 경계선을 존중하고 지켜 줘.

"필요한 일이니까 부탁해."

 대청소 날이라서 다 함께 청소하는데, 어떤 친구가 혼자서만 안 하고 있는 거야. 같이 하자고 부탁해도 화만 내고……. 이럴 때 너라면 어떨 거 같아?

 올바른 거절은 내 몸과 마음을 소중히 지키기 위해 할 수 없는 일을 거절하는 것을 말해. 나와 상대방까지 모두 배려하는 중요한 결정이지. 그런데 잘못된 거절도 있어. 상대방을 곤란에 빠뜨리려고 빈정대며 싫다고만 하는 경우야. 둘은 분명히 구분할 수 있어야 해.

뭘 물어보거나 부탁하는 친구에게 화풀이하는 식으로 "싫은데?", "아니."라고만 대답하는 건 나 자신을 지키는 것과 상관없는 잘못된 거절이야. 꼭 해야 할 일인데 귀찮아서 부모님이나 선생님에게 계속 "싫은데요?"라고 하는 것도 마찬가지지. 초등학생이라면 거절이 필요한 일과 귀찮아도 꼭 해야 할 일을 어렵지 않게 구분할 수 있을 거야. 잘못된 거절을 하는 친구가 있다면 "싫어도 필요한 일이니까 부탁해."라고 해 봐.

빈정대듯 잘못된 거절을 하는 건 친구에게 상처를 주고, 기본적인 예의를 지키기 어렵게 만들어. 꼭 조심하도록 하자.

잘못된 거절이란?
내 몸과 마음을 지키는 거절은 꼭 필요해. 하지만
하기 싫은 일을 피하려고 마구 거절하는 건 잘못된 거야.

"그래, 잘 알겠어."

　내가 수행 평가 때 짝꿍을 하자고 했는데, 친구가 안 된다고 거절했어. 그렇지만 나는 꼭 그 친구랑 하고 싶은걸. 계속 같이하자고 하면 마음이 바뀌지 않을까? 어떻게 생각해?

　친구가 거절하면 아쉬운 마음이 들 거야. 거절당했다는 게 속상하고 부끄러울 수도 있지. 하지만 마음이 그렇더라도 거절을 차분하게 받아들이는 게 좋아. 거절을 받아들인다는 것은 다르게 말해서 그 친구의

거절을 존중하지 않으면?
친구의 선택을 받아들이지 않고 자꾸 조르면 네가 좋아하는 친구가 힘들고 곤란해질 수 있어.

선택을 존중한다는 뜻이거든. 친구의 거절을 담담하게 받아들일 때는 **"그래, 알았어.", "네 뜻을 잘 알겠어."**라고 말할 수 있어. 네가 잘못하거나 부족해서, 너를 싫어해서 친구가 거절한 건 아닐 거야. 지금 친구의 상황과 마음이 그런 것일 뿐이지. 그러니까 친구의 결정을 지켜 주도록 해.

"딱 한 번만, 응?", "제발 부탁이야.", "정말 안 되는 거야?" 하면서 거절을 받아들이지 못하고 계속 물어보고 조르는 경우도 있어. 여러 번 말하면 결국 받아 줄 거라고 기대하면서 말이야. 하지만 이건 친구의 선택을 존중하지 않는 태도란다. 꼭 기억하렴. 진짜 부끄러운 일은 거절당하는 것이 아니라 소중한 친구에게 억지로 무언가를 시키는 것이라는 걸 말이야.

"놀리지 마!"

친구가 내가 정말 싫어하는 별명을 부르면서 놀려. 처음 몇 번은 참았지만 이제 더는 못 참겠어! 이럴 때 어떻게 하면 좋을까?

친구끼리 별명, 외모, 약점을 가지고 놀리는 일이 있어. 이게 지나치면 점점 기분이 나빠지지. 외모나 특징은 나만의 것이고, 내 경계선 안에 있어. 그러니 남이 함부로 말하는 건 경계선을 넘는 일이 돼. 이럴 때는 기분이 나쁘다는 것, 싫다는 것을 확실히 알려. **"그렇게 말하는 거**

정말 싫어. 놀리지 마.", "기분이 나빠. 그만해." 이렇게 말이야.

한 친구가 다른 친구를 놀리고 괴롭히는 걸 볼 때는 어떻게 할까? 주변 친구들이 그러지 말라고 함께 말해 줄 수 있어. 선생님께 도움을 구해도 좋아. 내 일도 아닌데 꼭 끼어들어야 하나 싶을 수 있지만, 그 친구에게는 큰 도움이 될 거야. 이렇게 도와주는 친구가 많고, 단합이 잘 되는 반에서는 학교 폭력이 잘 일어나지 않는다고 해.

실수로도 친구를 놀리지 않도록 하자. 친구가 하지 말라는 말이 없었다고 괜찮은 게 아니야. 속상해도 잘 표현하지 못하는 친구도 많으니까. 아무 말이 없다고 함부로 해도 된다는 뜻은 아니란다. 사람 사이의 경계선을 늘 떠올리고 지키렴.

그냥 장난일까?
놀리는 친구는 장난이어도 놀림당하는 친구는 아주 괴로울 수 있어.
실수로도 놀리거나 친구가 싫어하는 행동을 하지 않도록 해.

거절하기 실전 연습

거절하는 게 왜 이렇게 힘들지?

내 몸과 마음을 지키기 위해 어떨 때 거절해야 하는지, 어떤 방법으로 거절하면 좋을지 배웠어. 그렇지만 막상 친구나 다른 사람에게 거절을 하려니 가슴이 두근거리고 떨려서 입이 잘 떨어지지 않아. 어떻게 해야 할까?

1. 거절하기 힘든 여러 가지 이유

많은 사람들이 거절하는 걸 어려워해. 이유는 여러 가지야. 싫다고 하면 상대방이 화를 내거나 나를 싫어하게 될까 봐, 사이가 껄끄러워질까 봐, 남을 배려해야 착한 사람인 것 같아서, 상대방과 불편해지면 내 마음도 불편해져서……

그 마음을 이해해. 거절하고 나면 걱정했던 일이 실제로 일어날 수 있지. 그렇더라도 거절할 수 있어야 해. 싫다고 말하지 못해서 계속 친구에게만 맞추다 보면 네 마음에 불만이 점점 쌓이거든. 나중에는 친구를 만나는 일이 부담스러워지기도 해. 그럼 좋은 사이를 오래 이어 가기가 어렵지.

2. 친구를 위해서라도 거절을 잘해야 해

네가 싫어하는 행동을 친구가 자꾸 한다면 그 친구가 못되고 나쁘다는 생각이 들 거야. 하지만 혹시 네가 싫다고 해야 할 때 확실히 표현했는지도 돌아봐. 만일 분명하게 거절하지 않았다면 친구는 네가 괜찮은 거라고 오해할 수도 있어. 이처럼 거절을 해서 네 경계선을 알리는 건 너를 지키는 일일 뿐 아니라 친구가 실수하지 않게 도와주는 일이기도 해.

3. 거절하는 말을 평소 연습해 봐

거절이 아직 익숙하지 않다면 작게 시작해. 거절하는 말을 몇 가지 준비해서 평소에 가족, 친구들과 주고받는 연습을 해 봐. 거절해야 할 때 말하기가 편해질 거야.

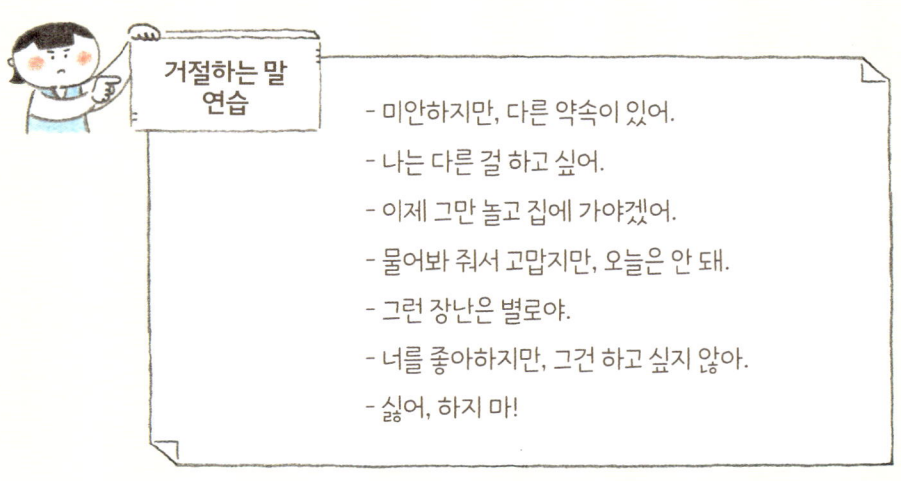

너와 나를 높이는 존중

나는 나의 주인이고, 세상에서 가장 소중한 사람이야.
그러니 내 몸과 마음을 그 무엇보다 아껴야 해.
이처럼 나를 소중하게 대할 줄 알면,
다른 사람도 똑같이 소중하게 대할 줄 알게 되지.
나와 친구를 함께 높이고 아끼는 방법인 '존중'을 알아보자.

"있는 그대로 나는 소중해."

너는 너를 어떻게 생각하니? 공부를 잘하지 않아도, 친구들에게 인기가 많지 않아도, 시험을 망친 날에도 너 자신이 마음에 드니?

세상에서 나를 가장 소중히 여기고 아낄 수 있는 사람은 바로 '나'야. '나는 공부를 못해.', '나는 못생겼어.', '나는 남보다 잘하는 게 없어.' 이런 말로 자신을 낮추지 마. 나는 평가받고 비교당해야 하는 사람이 아니라 지금 있는 그대로 존중받아야 하는 사람이니까.

친구가 시험을 망쳐서 우울해하면 보통은 위로를 해 주잖아? 나에게도 그렇게 해 줘. 내가 무언가 잘 못할 때도 있겠지만 그럴수록 더 응원하는 거야. 이런 걸 자기 존중이라고 하지. "항상 잘하지 않아도 괜찮아.", "가끔 실수해도 나는 내가 좋아.", "지금 이대로 충분해.", "노력한 게 대단해."라고 말해 봐.

평소 스스로를 낮추고 자주 혼낸다면, 내가 나에게 좋은 친구가 되지 못하고 있다는 뜻이야. 반대로 스스로를 너그럽고 친절하게 대한다면, 내가 나에게 든든한 친구가 되고 있다는 뜻이지.

만일 너에게 큰 스트레스나 좌절이 찾아온다면 두 친구 중 누가 도움이 될까? 혼내는 친구보다는 응원하는 친구가 큰 힘이 될 거야. 그러니 스스로 가장 좋은 친구가 되어 봐!

자기 존중이란?
내가 나의 든든한 친구가 되는 거야. 친한 친구를 대하듯 나 자신을 좋아하고 응원하는 거지.

"너는 그렇구나."

　나는 집에서는 공부가 진짜 안 되어서 스터디 카페에 자주 가는데, 친구는 집에서 혼자 공부해야 잘 된대. 같이 스터디 카페에 가서 공부하고 싶었는데……, 아쉽네.
　친구가 하는 생각이나 좋아하는 것이 때로는 나랑 정말로 다를 때가 있어. 그렇다고 "넌 왜 그렇게 생각해?", "내 생각이 맞아."라고 하는 건 친구의 경계선을 넘는 일이 될 수 있단다.

친구랑 나랑 너무 다를 때
친구마다 생각이나 좋아하는 게 다를 수 있어. 이상하거나 틀린 게 아니야. '그렇구나.' 하고 서로 받아들여 봐.

내가 좋아하는 것이 있다면 친구가 좋아하는 것도 당연히 있어. **"네 생각은 그렇구나."** 라고 다름을 인정해 주어야 해. 좋아하는 게 서로 맞지 않아서 이번에는 함께하지 못하더라도 다음번에 같이 시간을 보낼 기회가 분명 있을 거야.

반대로 친구의 생각이 나랑 비슷하거나 닮은 점이 있을 때는 **"맞아, 나도 그래."** 라고 해 봐. 이처럼 친구의 말이 맞다고 해 주는 걸 '맞장구' 라고 해. 친구의 생각에 힘을 보태 주는 거지. '대화'를 요리라고 한다면 '맞장구'는 요리를 더 맛있게 하려고 넣는 양념 같은 거야. 친구가 말할 때 가만히 있는 것보다 이렇게 맞장구를 쳐 주면 더 신나게 대화할 수 있단다.

"그럴 수 있어."

 친구가 수영장에 가자고 했어. 그런데 나는 수영을 못 해. 친구에게 솔직히 말했더니 왜 수영을 못 하냐며 핀잔을 주지 뭐야. 만약 너였다면 기분이 어땠을 거 같아?
 수영을 오래전에 배워서 잘하는 친구라면 아직 배우지 않은 친구가 이해가 안 될 수 있어. 하지만 우리는 다 달라. 좋아하는 것도, 배우고 싶은 것도, 잘하는 것도 다르지. 이럴 때는 친구를 이해하고 응원하는

더 힘을 주는 말은?
'왜 그랬어?' 평가하는 말보다 '그럴 수도 있어.' 이해하는 말을 들을 때 더 기분이 좋고 힘이 나.

말을 써서 **"그럴 수 있어."** 라고 하면 좋을 거야. 이렇게 말하는 친구에게는 속마음이나 창피한 일도 솔직하게 털어놓게 돼. 친구가 내 모습 그대로 이해해 준다는 편안한 느낌이 드니까. 우리가 모두 그런 친구가 될 수 있다면 참 멋지겠지?

친구뿐 아니라 나 자신에게도 '그럴 수 있어.'라고 말할 수 있어. 내가 무언가를 못하거나 실수했을 때 "왜 못해?"라고 스스로 평가하는 건 좋지 않아. 이런 것을 '자책'이라고 하지. 실수했다는 건 다르게 생각하면 꽤 대단한 일이기도 해. 내가 무언가에 용감하게 도전했다는 뜻이잖아! 도전하지 않았다면 아무 일도 일어나지 않았을 거고 실수도 없었을 테니까.

친구에게도, 나 자신에게도 '왜 못하냐?', '왜 실수했냐?'고 하기보다 '배우면 돼.', '도전했다는 게 멋져.'라고 응원하는 말을 자주 해 보렴.

"괜찮아? 속상하겠다."

친구가 속상한 일을 말하면 "뭐가 그렇게 힘들다고 그래?", "난 더 힘들었어."라고 대꾸할 때가 가끔 있어. 너도 그런 적 있니?

사람은 누구나 자기 마음을 다른 사람에게 이해받고 싶어 해. 우리가 친구를 만나고, 함께 이야기를 나누는 것도 이 때문이지. 네가 속상한 일을 말할 때 친구가 잘 들어주면 '내 마음을 이해해 주네.'라는 생각에 어느새 마음이 스르륵 풀릴 거야. 이처럼 다른 사람의 감정이나 생각을 알아주는 것을 **공감**이라고 해. 누군가와 대화한다는 것은 그냥 말만 주고받는 게 아니야. 이렇게 깊은 마음까지 나누는 거지.

그러니까 친구가 속상한 일을 말하는데, 네가 이해해 주지 않거나 네 말만 한다면 친구는 다음부터 속마음을 말하려 하지 않을 거야. 이럴 때는 친구의 마음을 살피면서 **"괜찮아?"** 하고 물어봐. '괜찮아?'는 친구가 속상해할 때 건넬 수 있는 최고의 말이지.

친구가 고민을 털어놓을 때 네가 그 일을 대신 판단하고 조언해 주지 않아도 돼. 친구에게 필요한 건 마음을 그대로 알아주는 일이니까. **"속상하겠다."** 라는 말 한 마디면 충분해. 친구의 마음 그대로를 비추는 거울 대화 방법이지. 그렇게 공감해 주는 것만으로도 금세 밝아지는 친구 표정을 보게 될 거야.

거울 대화란?
친구가 속상해할 때 거울처럼 마음을 그대로 비추는 말을 하는 거야. 그럼 친구는 너에게 정말로 이해받는 느낌이 들지.

공감하며 대화하기

"노력하는 모습이 멋져."

　친구가 그린 만화가 정말 재밌었어. 그래서 어떤 점이 좋았는지 칭찬해 줬더니 소감이 멋지다며 친구가 나를 다시 칭찬해 주는 거야. 둘 다 기분이 좋았지!

　칭찬은 누군가에게 존중받고 있다는 느낌, 뿌듯해지는 마음을 선물하는 말이야. 다른 사람의 좋은 점을 찾아내는 아주 귀한 능력이기도 해. 칭찬할 때는 이렇게도 한번 해 봐. 친구가 잘한 점뿐 아니라 보이지 않는 데서 들인 노력까지 봐 주는 거야. 시험을 100점 맞은 친구가 있다면 그동안 얼마나 열심히 공부했을지 그 노력까지 칭찬하는 거지. **"열심히 노력하는 네가 멋져."** 하고 말이야. 그럼 친구는 정말로 뿌듯한 느낌, 제대로 인정받는다는 마음이 들겠지? 또 그냥 "잘한다."보다는 어떤 점이 좋은지 자세하게 말해 주면 좋아. 친구가 앞으로 실력을 키우는 데 도움이 되거든.

하지만 어떤 친구를 칭찬한다며 다른 친구와 비교하는 건 조심해. "네가 그 애보다 노래를 더 잘 부른다."라고 하면 다른 친구는 그보다 못하다고 깎아내리는 셈이 되니까.

내가 칭찬을 받는 일도 있을 거야. 다른 사람이 칭찬해 줄 때 겸손해 보이려고 아니라며 나를 낮추지 않아도 돼. **"그렇게 말해 줘서 고마워."** 하고 칭찬을 기쁘게 받으면 나도, 칭찬한 사람도 모두 기분이 좋아질 거야.

칭찬 잘 받는 방법
칭찬받을 때 나를 낮추지 않아도 돼.
칭찬을 기쁘게 받고, 잘한 점을
자랑스럽게 여겨 봐.

"덕분에 재미있었어."

 이럴 수가! 우리 팀이 또 졌네. 못하는 애들이랑 같은 팀이 되어서는……. 나만 손해인 거 같아서 짜증 나. 너도 이런 적 있니?
 결과가 나쁘면 친구들 때문이라고 탓하고 싶을 때가 있어. 많이 아쉽고 속상해서 그런 거지. 하지만 이런 생각이 너무 깊어지면 친구들이 애쓴 건 잘 보이지 않고, 내가 힘든 것만 크게 느껴질 거야.
 때로는 여럿이 함께 노력했지만 일이 잘 안 되고, 결과가 나쁠 때도 있어. 그럴 때 '너 때문이야.'라고 하면 상대방에게 상처를 주게 돼. 친구들이 서로 이렇게 몰아대면 싸울 수도 있고, 결국 다음 경기를 제대로 하기도 어렵겠지. 기회가 또 얼마든지 있으니까 "그래도 덕분에 재미있었어."라고 해 봐. 축 처져 있던 어깨를 펴고 다시 힘을 낼 수 있을 거야.

'덕분에'는 다른 사람에게 감사하는 마음을 표현하는 말이야. 내가 아무리 축구를 잘한다 해도 혼자서 경기할 수는 없어. 함께하는 다른 선수들이 있어야 비로소 경기를 할 수 있고, 의미도 생기지. 우리는 이렇듯 다른 사람과 어울려야만 살아갈 수 있는 거야.

다른 사람 '덕분에' 매일을 고맙게 누리고 있다는 걸 이해하겠니? 오늘부터는 '때문에'라는 말보다 '덕분에'라는 말을 자주 해 보렴.

'덕분에'라는 말
함께 노력했지만 결과가 나쁠 때, '그래도 덕분에 즐거웠어.'라고 말하면 다시 힘이 날 거야.

"미안해. 조심할게."

급식 시간에 실수로 친구한테 국을 흘려 버렸지 뭐야. 다행히 친구의 몸에 닿지는 않았지만 책상이 더러워졌어. 이럴 때는 어떻게 하는 게 좋을까?

사람은 누구나 실수를 해. 가끔 실수하는 건 어쩔 수 없지만 그다음에 어떻게 대처할지는 지혜롭게 선택할 수 있지. 만일 네가 친구에게 피해를 주게 되었다면 잘못을 솔직히 인정하고 사과하는 게 좋아.

제대로 사과하는 방법
친구에게 미안한 일이 있다면
솔직히 인정하고 사과해.
친구를 챙겨 주는 행동도 좋아.

　그런데 사과를 한다면서 종종 이렇게 말할 때가 있어. "네가 그렇게까지 속상하다면 사과할게.", "미안해. 그런데 네가 잘못한 부분도 있잖아?"라고 핑계를 대는 거지. 이건 '내가 다 잘못한 건 아니야.'라며 스스로를 보호하고 싶은 마음 때문이야. 그렇다고 해도 이 말을 듣는 친구는 오히려 더 기분 나쁠 수 있겠지? 그래서 이런 사과는 친구 관계를 더 안 좋게 만들기도 해.

　미안한 일이 있다면 깔끔하게 인정하고 사과하는 게 제일 멋있어. 다음에는 조심하겠다는 말도 덧붙여 봐. **"미안해. 다음부터 조심할게."** 라고 말이야. 또 책상을 닦아 주는 것처럼 친구를 챙기는 행동까지 보인다면 너의 진심이 더욱 잘 전해질 거야.

"나는 이걸 할래."

학예회 발표로 사실 나는 마술이 하고 싶었어. 그런데 같이 노는 친구들이 같이 춤 공연을 하자는 거야. 나는 춤을 안 좋아하지만 친구들이 다 한다니까 따라 했는데, 나랑 정말 안 맞네. 어떻게 하지?

내가 원하는 게 따로 있지만 남을 먼저 생각해서, 눈치가 보여서, 말하기 쑥스러워서 표현하지 못하고 친구에게 그냥 맞추는 경우가 있어. 하지만 그건 친구를 배려하는 것일 수는 있어도 나를 배려하는 것은 아

선택의 주인은 나
좋아하는 것, 하고 싶은 것을 자주 생각해 봐. 어른이 되어서 중요한 선택과 결정을 해야 할 때 도움이 될 거야.

니야. 내가 진짜 하고 싶은 건 참아야 되니까.

　나를 존중하는 사람은 바라는 것을 당당히 말할 줄 알아. 친구들에게 **"나는 이게 좋아!"**, **"나는 이걸 할래."** 라고 말해 봐. 가끔 스스로 뭘 좋아하는지 잘 모를 때도 있긴 해. 어른들도 뭘 먹을지, 뭘 살지 결정을 잘 못 하는 사람도 있지. 그러니 시간을 두고 네가 좋아하는 것, 하고 싶은 것 등을 자주 생각하고 정리해 둬. 옷, 음식, 노래, 장소……. 이 선택들이 쌓여서 너의 전체 삶이 되거든.

　네가 무언가를 선택했다면 책임지는 자세도 필요해. 친구들과 결국 춤 공연을 하기로 했다면 그건 친구가 아닌 바로 네가 선택한 거야. '친구 때문에 했는데 너무 힘들어.'라고 불평하지 않고, 네가 내린 결정이니 스스로 책임질 줄 알아야 해. 선택의 주인은 바로 '나'고, 내 삶의 주인도 바로 '나'라는 걸 꼭 기억하렴.

존중하기 실전 연습

존중 대화법, 채팅방 대화법을 배워 봐

1. 귀, 눈, 마음으로 듣는 경청

내가 말하는 데 친구가 다른 데를 보거나 듣지 않고 있다면 말하기가 싫어질 거야. 대화할 때는 '경청'이 필요해. 경청은 귀로, 눈으로, 마음으로, 상대방의 말을 제대로 듣는 것을 뜻하지.

친구와 눈을 마주치고, 잘 듣고 있다는 표시로 중간중간 고개를 끄덕여 봐. 잘 들었다면 "아, 그랬구나."라고 공감해 주면 좋아. 그럼 대화가 계속 재미있게 이어질 거야.

경청
다른 사람의 말을 귀로, 눈으로, 마음으로, 정성껏 제대로 듣는 것을 말해.

2. 마침표 대화법

'마침표 대화'는 친구의 말이 마침표를 맺을 때까지 끊지 않는 거야. 친구가 "요즘 컴퓨터 교실에서 코딩을 배우는데……."라고 말하는데, "나는 요즘 논술을 배워."라고 중간에 끼어들면 친구가 뒷이야기를 하기 힘들어. 친구의 말이 멈추거나 다 끝났을 때 "그랬구나." 하고 네 이야기를 시작해 봐. 하고 싶은 말을 끝까지 잘 주고받을 수 있어.

마침표 대화법
친구의 이야기를 중간에 끊지 않고, 마침표를 맺을 때까지 잘 들어주는 거야.

3. 온라인 채팅방 대화법

온라인 채팅을 할 때는 얼굴이 안 보이니까 더 신경 써서 말해야 해. 만나서 이야기했으면 가볍게 넘길 말도 온라인에서는 오해가 생길 수 있거든. 나눈 대화가 모두 기록으로 남는다는 것도 기억해 둬.

• 이모티콘 적절히 활용하기

서로 얼굴이 안 보이니까 이모티콘을 적절히 써 봐. 기쁨, 슬픔 등 캐릭터 표정으로 상대방에게 공감해 줄 수 있어. 동의하고 거절할 때도 이모티콘을 써서 더 부드럽게 할 수 있지.

이모티콘 쓰는 방법
이모티콘만 잔뜩 쓰면 하려는 말을 정확히 알 수 없고, 성의 없어 보이기도 해. 대화하며 공감해 줄 때 적당하게 쓰자.

• 신조어나 줄임 말을 쓸 때는 상대방 배려하기

'ㅇㅈ(인정)', 'ㄹㅇ(진짜)', '사바사(사람에 따라 다름)' 등 채팅할 때는 신조어나 줄임 말을 자주 쓰게 돼. 잘 아는 친구끼리는 재미있지만 뜻을 모르는 사람이 있다면 소외감을 느끼거나 오해할 수도 있지. 상황에 맞게 다른 사람을 배려하며 쓰자.

• 언어폭력 조심하기

채팅방에서 친구에 대한 안 좋은 소문을 퍼뜨리는 것, 한 명을 초대한 뒤 여러 명이 번갈아서 욕하고 괴롭히는 것, 한 명을 소외시키고 따로 채팅방을 만들어 흉보는 것 등은 언어폭력에 속해. 친구의 경계선을 넘고 피해를 주는 일이니 하지 않도록 조심해. 만일 네가 이런 일을 당했다면 대화 내용이 있는 화면을 캡처하고, 부모님이나 선생님께 바로 도움을 구해.

부록

- 책 읽은 뒤 활동하기
- 지도하는 분을 위한 경계 존중 이야기

책 읽은 뒤 활동하기

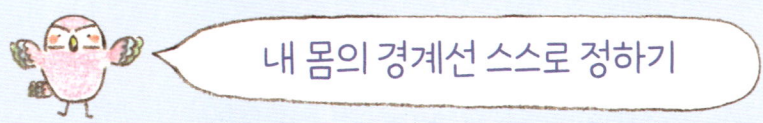
내 몸의 경계선 스스로 정하기

16~17쪽에서 배운대로 내 몸의 경계선을 스스로 정하고, 아래 그림에 표시하거나 색칠해. 내 몸에서 '아무도 만지면 안 되는 곳'은 빨간색, '나에게 허락을 받고 만져야 하는 곳'은 노란색, '부모님은 만져도 되는 곳'은 초록색, '친구나 선생님이 만져도 되는 곳'은 파란색으로 표시하거나 색칠해 봐(색이 겹쳐도 괜찮아).

서로를 존중하는 동의·거절 연습하기

　2, 3장에서 배운 동의와 거절을 형제나 친구들과 역할놀이로 해 봐. 아래에서 질문을 골라 내가 물어봐. 그럼 친구는 동의하거나 거절하는 대답을 해. 친구가 동의했다면 그 행동을 직접 하고(시늉만 해도 돼.), 거절했다면 정중히 받아들이는 말을 해.

질문하기

1. 껴안아도 돼?
2. 손잡아도 돼?
3. 팔짱 껴도 돼?
4. 머리 쓰다듬어도 돼?
5. 일기장 읽어 봐도 돼?
6. 휴대폰 잠깐 보여 줄 수 있어?
7. 네 사진 SNS에 올려도 돼?
8. 네 사진 다른 친구에게 보내도 돼?
9. 네 옷 빌려 입어도 돼?
10. 네 숙제 보여 줄 수 있어?
11. 네 방에서 같이 놀아도 돼?
12. 네 비밀 말해 줄 수 있어?

• 질문을 직접 더 만들어서 해 봐.

대답하기

동의할 때 하는 말	그래, 알았어. / 좋아.
동의를 받았을 때 하는 말	고마워.
거절할 때 하는 말	미안, 안 돼. / 그건 싫어.
거절을 받았을 때 하는 말	그래, 네 뜻을 존중해.

지도하는 분을 위한 경계 존중 이야기

1. 아이 몸과 마음의 경계를 먼저 존중해요

'경계(경계선)'란 누구나 존중받아야 하는 신체적, 물리적, 언어적, 정서적인 개인 영역을 뜻합니다. 사람은 모두 자신의 경계를 침해받지 않을 권리를 가지고 있지요. 어린이의 경계도 똑같이 존중받아야 합니다. 이를 통해 아이는 자기 몸과 마음을 소중히 여겨야 한다는 것을 배울 수 있어요.

학교에서 실제로 일어나는 친구들과의 갈등, 학교 폭력 등은 대부분 서로의 경계를 존중하지 않는 데에서 시작됩니다. 경계 존중을 어릴 때부터 잘 배우고, 생활에서 실천하는 게 중요한 이유이지요. 나아가 경계 존중 교육은 다른 사람을 배려하고 자신의 권리를 침해받지 않는 어른으로 성장하도록 하기 위함입니다. 이로써 어떤 사람과 지내더라도 동등하고 건강한 관계를 맺을 수 있게 돼요.

아이가 자기 경계를 먼저 존중받아 봐야 다른 사람의 경계도 존중할 수 있다는 것을 기억해 주세요. 양육자라도 아이 몸을 만질 때나 아이 방에 들어갈 때 등에 동의를 구하며 아이의 경계를 먼저 존중하는 태도를 보이면 좋습니다.

누구나 몸과 마음의 경계선이 있고, 이 선은 상대방의 허락 없이 침범하면 안 되며, 침범당하는 일이 있을 때는 싫다고 말해야 한다는 것! 경계 지키기로 언제 어디서나 존중하고 존중받는 사람으로 자라게 해 주세요.

2. 편안한 분위기에서 원하는 것을 표현할 기회를 주어요

이 책은 친구 사이에서 일상적으로 생기는 이야기를 주로 다루고 있지만, 어린이 성폭력·학교 폭력·온라인 언어폭력 예방, 어른과의 관계에 대응하는 법 등 어린이에게 꼭 필요한 경계 존중의 다른 이야기들도 몇 가지 담았습니다.

친구를 비롯해 아이가 경험하는 모든 인간관계가 건강하려면, 아이가 평소에 자기 생각을 솔직히 말할 줄 알아야 합니다. 그러려면 무엇보다 생각과 감정을 자유롭게 말할 수 있는 허용적인 대화 분위기가 필요하지요.

순하고 수동적인 아이라면 자기의 욕구와 권리를 표현할 기회를 더욱 충분히 주세요. 집에서 원하는 것을 자주 말해 본 아이가 밖에 나가서도 자신의 권리를 표현할 수 있습니다. 또 자신의 경계를 침해받는 상황이 괜찮은 게 아니라는 것도 스스로 파악할 수 있어요.

　아이가 좋아하는 것, 하고 싶은 것을 스스로 선택할 수 있게 하고, 존중해 주세요. 학교에서 있었던 일, 친구들 사이에서 있었던 일에 대해 자주 이야기 나누어 보세요. 만약 친구에게서 경계를 계속 침해받고 있는데, 아이가 대응하지 못한다면 어떻게 대처하는 것이 좋을지 같이 의논하는 시간을 가지세요. 이런 것들이 익숙해지면 어른이 되어서도 자신의 권리를 침해받았을 때 적절히 대응할 수 있습니다.

　지도하는 어른이 아이 생각과 감정의 '평가자' 역할을 한다면 아이는 속마음을 숨기게 됩니다. 아이 생각과 감정의 '지지자'가 되어야 믿을 만한 사람이라고 생각하고 의지할 거예요. "언제나 네 편이고, 어떤 상황에서도 너를 응원할 것이며, 어떤 경우에도 너에게 실망하지 않는다."는 말을 자주 해 주세요.

　마음이 착하고 여린 아이일수록 걱정 끼치는 게 싫어서 힘든 일이 있어도 말하지 않고 혼자 끙끙대는 경우가 많습니다. 중요한 고민을 비밀로 한다면 상황을 결코 해결할 수 없다는 사실, 믿을 만한 어른에게 말하는 것이 모두를 돕는 일이라는 것도 미리 알려 주세요.

3. 싫다고 말하는 거절 연습을 함께해요

친구들의 지나친 장난, 몸에 손을 대는 일은 심하면 폭력으로 이어지는 경우가 있습니다. 이처럼 경계를 심각하게 침해받는 일이 일어나면 분명히 싫다고 말해야 합니다. 싫다고 거절하지 못하는 경우, 친구들이 함부로 대하는 일이 늘어나거나 괴롭힘의 대상이 되는 일도 생기므로 스스로 자신을 지킬 수 있게 지도해 주세요(만일 이런 일이 생긴다 해도 절대 아이 잘못이 아니며, 믿을 만한 어른이 도와주고 함께 해결할 수 있다는 것을 꼭 말해 주세요).

거절하는 것을 어려워하는 아이라면 지도하는 어른과 역할놀이로 연습하면 좋습니다. 거절 역할놀이를 할 때는 싫다고 말하는 방법과 함께 목소리 크기, 단호한 표정 등도 연습하세요. 싫은 걸 싫다고 말하는 것은 나쁘거나 이기적인 게 아니라 자신의 몸과 마음을 스스로 지키는 당연한 권리임을 배우도록 해 주세요.

또래 친구들과의 관계뿐 아니라 어른이 몸을 만지려고 하거나 이상한 요구를 할 때도 거절하는 법을 꼭 가르쳐 주세요. 물론 실제 상황에서 힘이 센 어른에게 아이가 강하게 거절하는 것이 어려울 수 있습니다. 이런 경우, 싫다고 말하지 못했다 하더라도 절대 아이의 잘못이 아니라는 것도 함께 알려 주세요. 아이가 죄책감을 느끼지 않고 믿을 만한 어른에게 의지할 수 있도록 하는 게 중요합니다.

참고한 책

《나, 지금 이대로 괜찮은 사람》 박진영 지음/호우/2018

《내 몸은 나의 것》 린다 월부어드 지라드 글/권수현 옮김/문학동네/2007

《동의》 레이첼 브라이언 지음/노지양 옮김/아울북/2020

《동의가 서툰 너에게》 유미 스타인스, 멜리사 캉 글/이정희 옮김/다산어린이/2021

《십 대를 위한 쓰담쓰담 마음 카페》 김은재 지음/사계절/2020

《왜, 먼저 물어보지 않니?》 이현혜 글/천개의바람/2020

《좋아서 껴안았는데, 왜?》 이현혜 글/천개의바람/2015

《진짜 친구를 만드는 관계의 기술》 에일린 케네디-무어, 크리스틴 맥러플린 지음/정아영 옮김/라임/2017

《초등학교 고학년 학생들의 학급 공동체 의식 및 친사회적 행동이 학교 폭력 가해 경험 및 피해 경험에 미치는 영향에서 방어 행동 매개 효과》 권지웅, 박종효 지음/한국교육학회/2021

《함께하는 보건 5(교과서)》 우옥영 지음/YBM/2021

참고한 자료

〈초등 성장 보고서-3부 나도 날 모르겠어요, 13세 사춘기〉 EBS 다큐프라임

파스텔 읽기책 03
배려하면서도 할 말은 하는 친구가 되고 싶어

초판 발행 2023년 4월 4일
초판 5쇄 발행 2025년 8월 4일
글 김정 **그림** 뜬금
기획편집 최문영 **디자인** 윤현이 **제작** 공간
독자기획 문주영(김하람, 김하준), 백윤정(김주호, 김우진), 엄정현(유은서), 여지은(전이영, 전이수), 최윤선(김승연, 김승주)
펴낸이 최문영 **펴낸곳** 파스텔하우스 **출판등록** 제2020-000247호(2020년 9월 9일)
주소 04038 서울특별시 마포구 잔다리로48, 3층
전화 02-332-2007 **팩스** 02-6007-1151 **이메일** pastelhousebook@naver.com
ISBN 979-11-974942-9-1 73190

글 ⓒ 김정 그림 ⓒ 뜬금 2023

잘못 만들어진 책은 서점에서 바꾸어 드립니다.
이 책은 저작권법에 따라 보호받는 저작물이므로 무단 전재와 무단 복제를 금합니다.
이 책의 전부 또는 일부를 이용하려면 반드시 저작권자와 출판사의 서면 동의를 받아야 합니다.

네이버블로그 pastelhousebook 인스타그램 @pastelhousebook
다양한 책 이벤트에 참여하고, 독후 활동 자료도 받으세요.
어린이 독자님의 의견과 질문을 언제나 환영합니다.

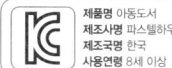

제품명 아동도서 **주의사항** 종이에 베이거나 긁히지 않도록 조심하세요.
제조사명 파스텔하우스 책 모서리가 날카로우니 던지거나 떨어뜨리지 마세요.
제조국명 한국 KC마크는 이 제품이 공통안전기준에 적합하였음을
사용연령 8세 이상 의미합니다.